유라시아를 품은
고구려 고분벽화

동북아역사재단
교양총서 19

유라시아를 품은
고구려 고분벽화

박아림 지음

동북아역사재단
NORTHEAST ASIAN HISTORY FOUNDATION

　우리나라를 둘러싼 동북아 지역의 역사 갈등은 여전히 한창이고, 점차 심화되고 있습니다. 우리 동북아역사재단은 2006년에 동북아 지역의 역사 갈등을 미래지향적으로 해결하고, 나아가 역내 평화체제를 구축하려는 목적으로 출범하였습니다. 이때는 항상적으로 제기되고 있던 일본의 역사 왜곡에 더하여 고구려, 발해 역사를 둘러싸고 중국과 역사 분쟁이 일어났습니다.

　한국과 일본 사이의 역사문제는 19세기 말 일제의 침탈과 식민지배 때부터 있어 왔습니다. 지금도 일제의 식민지배에 대한 진정한 사죄와 일본군'위안부' 문제, 전쟁에의 강제 동원과 수탈, 독도 등을 둘러싸고 논쟁과 외교 마찰이 일어나고 있습니다. 중국은 개혁·개방 이후 급속하게 경제발전을 이루면서 체제를 안정시키고 선린외교에 주력하였으나, 주변국과의 관계에서 주도권을 잡고자 하는 과정에서 자연스럽게 역사문제를 둘러싸고 이웃과 대립하게 되었습니다. 그중 동북 3성 지역의 역사에 대해서는 이른바 '동북공정'이라는 것을 통하여 중국 영토 안에서 일어났던 역사를 모두 자기 역사 속에 편입하고자 함으로써 우리의 고대사고조선, 부여, 고구려, 발해 등와 충돌하게 되었습니다.

우리 재단은 이런 역사 현안을 우리 입장에서 연구하면서 다른 한편으로 우리 국민이나 다른 나라 사람들이 우리의 연구 결과를 같이 공유하고, 이를 쉽게 알 수 있도록 교양 수준의 책을 출간하게 되었습니다. 한·중·일 역사 현안인 독도, 동해 표기, 일본군'위안부', 일본역사교과서, 야스쿠니신사, 고조선, 고구려, 발해 및 동북공정 관련 주제로 우리 재단 연구위원을 중심으로 재단 외부 전문가들로 필진을 구성하였습니다.

모든 국민들이 이 교양서들을 읽어서 역사·영토 현안을 올바르게 인식하고 나아가 우리가 동북아 역사 갈등을 주도적으로 해결하여, 평화체제를 이룩하는 데 주역이 되기를 바랄 뿐입니다.

동북아역사재단

이사장

고구려 고분벽화는 고대 한국문화의 정체성을 찾고, 남북 교류의 통로가 될 수 있는 중요한 문화유산이다. 고구려 고분벽화는 2004년 유네스코(UNESCO) 세계문화유산 등재를 전후로 중국의 동북공정에서 중요한 의제로 등장하여 한문화에 귀속된 지방 정권의 산물로 폄하되면서 그 정체성이 크게 흔들렸다. 여러 나라에 걸친 묘주의 국적 문제나 지리적 분포 역시 고구려 벽화의 정체성에 대해 다양한 해석을 하게 하였다. 이에 따라 고구려 고분벽화는 한국, 북한, 중국 그리고 일제강점기 이래 조사와 연구 과정에 참여한 일본까지 모두 하나의 협상 테이블에 모이게 하는 독특한 연구 주제가 되었다.

고구려 고분벽화가 만들어진 4~7세기는 다양한 문화 교류가 이루어진 시기였다. 중국에서는 북위부터 동위·서위, 북제·북주, 남조, 수당에 이르기까지 북방민족인 선비의 남하와 중원과 서역 경영 등으로 인해 중국, 중앙아시아, 서아시아를 연결하는 다양한 문화가 교류되었다. 현재 중국 영토의 서쪽에서 동쪽에 이르기까지 여러 나라의 흥망성쇠와 이합집산이 활발히 이루어져 인적 이동과 문화적 이동이 끊이지 않았던 시기이기도 하다. 더 나아가 북조-수당 대의 서역 경영만이 아니라 초원의 유연, 돌궐 등이 흥기하여 유라시아로의 루트가 열려 있던 시기이기도 하다. 당시 정치적, 군사적 강대국이던 고구려가 자체적으로 형성하거나 외부에서 받아들여 형성한 다층적 문화 정체성은 독특하면서도 국제적인 성격이었음을 고구려 벽화를 통해 알 수 있다. 북방·유라시아로 향하는 문화의 통로로서 고구려 고분벽화를 이해하기 위하여 이 책에서는 고구려 고분벽화에 나타난 유라시아적 문화 요소들을 분별하고, 그 연원이 될 수 있는 외래 미술문화들을 살펴보고자 한다.

이 책은 필자가 2015년 『고구려 고분벽화 유라시아문화를 품다』를 출간한 이후 집필한 고구려와 유라시아문화에 관한 논문을 모아서 일반인을 위한 교양서로 정리한 것이다. 이 책으로 고구려 고분벽화가 지닌 문화적 함의와 다양성이 새롭게 인식되기를 바라며 책을 출간해 주신 동북아역사재단에 감사드린다.

2020년 12월
박아림

차례

Ⅰ

북방·유라시아로 향하는 문화의 통로,
고구려 고분벽화

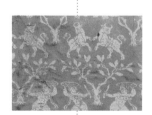

　유네스코 세계문화유산으로 지정된 고구려 고분벽화는 북한과 중국에 나뉘어 분포하는 지정학적 중요성을 지닌 문화유산이며, 20세기 초 일본의 초기 발굴과 모사 등 기록 작업으로 남아 있는 근대 자료로서의 확장성도 갖고 있다. 그리고 3~7세기 동아시아의 중요한 건축·회화 자료이면서, 고대 한국에서 북방·유라시아로 향하는 문화의 통로로서 가치가 높다.

　고구려에서 4세기경 시작된 고분벽화라는 예술형식은 벽화가 그려진 고분의 건축양식(천장 구조와 묘실 구성 등), 회화의 주제 및 구성, 표현 기법 등 여러 가지 면에서 다양한 문화적 성격을 띤다. 고구려 고분벽화는 중국과 중앙아시아의 고분미술·불교미술과의 활발한 교류로 발달하였으며, 같은 시기 중국 북조-당대 고분벽화와 함께 동아시아 고분벽화사에서 중요한 위치를 차지한다.

고구려 고분벽화에는 고구려 고유의 문화를 기반으로 고구려가 받아들인 외래문화와 외래인(또는 외래인 이미지)이 표현되었다. 고구려 미술의 대외교섭은 고구려 고분벽화에 나타난 외래 요소에 대한 종합적 고찰을 통해 고구려와 동아시아, 중앙아시아, 서아시아 등과의 교류 및 영향 관계를 살펴볼 수 있다. 고구려 고분벽화를 구성하는 외래 문화 요소에는 중국 중원의 한문화(漢文化), 북방문화, 서역문화, 불교 문화 등이 있다.

고구려 미술의 국제적 성격을 다루는 대외교섭의 주제는 고구려 고분벽화에 보이는 이란-파르티아미술의 건축 구조와 벽화 주제의 연관성을 언급한 북한 도유호의 1959년 연구 이래 여러 논문과 저서에서 다루어졌다. 특히 중국과 서역미술과의 비교가 중심이 되었으며, 서역보다는 중국의 고분미술과 불교미술과의 비교가 주를 이루었다. 여기에서 서역이란 명칭은 한(漢) 선제 신작 2년인 기원전 60년 한나라가 흉노를 제압하기 위해 타림분지 중앙의 오루성에 서역도호부를 설치한 것에서 유래했다.

고구려와 서역문화의 관계에 대한 구체적인 연구는 고구려 고분벽화에 등장한 서역인과 불교 관련 도상, 장식문양, 서역 전래 기물, 중국 한대 및 남북조시대 묘장 미술에 표현된 장식문양과 출토 유물에 관한 고찰 등을 통해 이루어졌다. 또한 고구려와 서역의 직접적인 교류에 관해서는 고대 한국과 유라시아의 교

그림 1 아프라시압 궁전지의 소그드 벽화의 고구려 사신도

류 자료로 가장 먼저 언급되는 아프라시압 궁전지의 소그드 벽화가 국내에 소개된 이후 조우관을 쓴 두 명의 한국인 사신도가 큰 관심을 끌었다. 사신의 국적에 대해서는 신라인과 고구려인으로 의견이 나뉘었다가 최근에는 고구려인으로 보는 것이 보편적이다(〈그림 1〉).

아프라시압 궁전지 벽화를 그린 소그드인들은 서역(중앙아시아) 문화 전파의 매개체이자 상징체로서 서구와 일본, 중국 등에서는 오래전부터 활발한 연구가 진행되었다. 최근 중앙아시아의 역사와 문화 연구에서는 서역이라는 용어보다는 넓은 범위에서 중앙아시아, 유라시아, 중앙유라시아가 사용되면서 유라시아 전체 역사와 지리를 조망하기도 하고, 돌궐 같은 북방민족의 역사와 문화도 새롭게 조명하고 있다. 또한 오아시스로에 국한하지 않고 초원로를 통한 대외교류까지 확대하고 있다. 따라서 고구려 고분벽화와 서역과의 관계 연구에서도 중국, 중앙아시아, 유럽으로 이어지는 폭넓은 범위에서 그 위상을 새롭게 정립할 필요가 있다.

다음에서는 고구려 고분벽화에서 서역을 찾아낸 선각자들의 연구에서 시작하여 고구려 고분벽화를 유라시아 관점에서 보기 위한 방법론 설정, 유라시아문화를 형성하는 다양한 문화 탐구, 그리고 이러한 새로운 시각에 의한 고구려 고분벽화와 유라시아문화와의 관계를 살펴보겠다. 마지막으로 고구려와 유라시아가 소통했던 경로로서 벽화를 그린 모본의 전래 가능성과 융합 과정, 소그드와 돌궐의 관계를 통해 오아시스로와 초원로의 총합적 교류 가능성을 제시하는 것으로 마무리 짓고자 한다.

II

고구려 벽화에서 서역을 보다

1. 고구려 벽화에서 서역을 찾은 사람들

　고구려 고분벽화와 서역미술과의 관계에 주목한 초기 연구자
는 도유호와 김원룡이다. 북한 학자 도유호는 1935년 오스트리
아 빈대학교에서 박사학위를 받고, 1947년 월북하여 김일성종
합대학 교수로서 안악3호분 등 북한의 유적 발굴을 주도하였다.
그는 고구려의 고임식 천장이 이란-파르티아 건축의 특징으로
서 고구려가 흉노나 돌궐과 접촉하여 장성지대에 흐르던 문화
의 조류를 받아들인 것으로 추정하였다. 기마·수렵 모티프 역
시 두라 에우로포스 벽화를 사례로 들면서 파르티아와 연관된
것으로 보았다. 아울러 안악3호분 발굴 당시 현실 동벽 무용수
눈동자가 노란색으로 표현된 것을 목격하고 고구려 벽화에 서

그림 2　고구려 안악3호분 고임식 천장　그림 3　고구려 안악3호분 가무주악도의 서역인

역인의 출현을 처음으로 제기하였다. 도유호는 고구려가 초기에는 서역과 간접적으로 교류하였으나 후에는 직접 교류하여 고구려 고분에 서역문화의 영향이 나타난다고 제시하였다.

　도유호는 1959년에 이미 파르티아 건축의 고임식 천장(말각조정)과 두라 에우로포스 벽화의 수렵도를 고구려 벽화와 비교하여 고구려 벽화에 서역문화가 등장함을 선구적으로 찾아내는 성과를 남겼다. 하지만 이후 북한의 고구려 고분벽화 연구에서 서역문화와의 관련성을 다루는 연구가 활발하게 진행되지 않아 아쉬움을 남긴다(〈그림 2〉, 〈그림 3〉).

　한국에서 고구려 고분벽화에 나타난 외래요소 연구는 1959년 고구려 벽화의 불교적 요소를 논한 김원룡을 시작으로 고구려와 동아시아, 중앙아시아, 서아시아와의 교류 및 연관 관계를 찾는 노력이 이어지고 있다. 김원룡은 한국에서 본격적인 미술사 연구가 시작된 1960년대부터 고구려 벽화에 등장하는 불교적 요소의 기원과 고대 한국과 중국 및 중앙아시아 미술과의 연관성을 여러 편의 논문을 통해 폭넓게 조망하였다. 이후의 연구에서 반복하여 다루게 되는 고구려 고분벽화의 서역적·불교적 구성 요소들을 선별하고, 이에 대한 기본적인 연구 방법론을 세우는 데 큰 역할을 하였다.

먼저 1960년의 『고구려 고분벽화의 기원에 대한 연구』에서는 고구려 벽화의 기원을 대부분 중국 고분미술에서 찾으면서도 일부 소재나 건축적 특징이 중앙아시아와 연관 있음을 지적하였다. 특히 삼실총 제3실 서벽 역사상 얼굴과 의상이 고구려식이나 중국식이 아닌 중앙아시아의 돈황 천불동 제81굴 벽화의 서역 인물을 연상케 한다고 하였다. 그러면서 고구려 벽화가 중앙아시아 불화의 영향을 받은 것은 고구려에 불교가 들어온 372년 이후로, 북위가 서방으로 진출하여 중앙아시아 불교미술이 화북지방에 직접적으로 영향을 미쳤기 때문이라고 설명하였다(〈그림 4〉).

김원룡은 도유호의 논의를 진전시켜 근동에서 시작된 말각조정이 동쪽으로 전파되어 인도 엘로라석굴, 바미안석굴, 키질석굴, 돈황석굴, 운강석굴 등에 출현했음을 서술하였다. 말각조정

그림 4 삼실총 제3실 서벽 역사상

이 중앙아시아와 중국에 출현한 시기를 비교하여 고구려에 유입되는 경로로 두 가지를 제시하였다. 즉, 돈황과 운강석굴의 말각천장은 산동지방의 한대 기남석묘 말각천장(3세기 말)보다 2~3세기 늦게 등장하는 것으로 보아 한대에는 이미 석조건축에 적용되고 있었다. 하지만 중국에서는 석조건축이 희소하기 때문에 기남석묘에 나타나는 정도로 존재가 희미했으나 중앙아시아에서는 석굴사원 건축에서 계속 사용되었다. 따라서 운강석굴의 말각조정은 한대 전통에 입각한 것이 아니라 5세기에 이르러 중앙아시아 석굴과 함께 들어온 것이라 추정하였다.

고구려의 말각조정도 중국에서 들어온 것이거나 5세기에 이르러 중앙아시아로부터 석굴과 함께 들어와 제2차 도래한 것인가를 고려해야 한다고 보았다. 결론적으로 말각조정 축조기법은 낙랑·대방군에 존재하던 전통적인 건축법과 지식을 토대로 새로 북위와의 교통을 통해 고구려 석실묘에 실현한 것으로 보았다. 안악3호분을 통해 낙랑·대방군에 말각천장법이 실제로 존재하였고, 그것을 건축할 수 있는 기술자들이 살았었음을 확인할 수 있다는 의견을 제시하였다. 고구려 말각조정의 연원을 고대 한국과 중국 및 중앙아시아의 장의미술과 불교미술에서 폭넓게 조망하여 다각도로 검토한 것이다.

1984년의 『고대 한국과 서역』에서는 아프라시압 궁전지 벽화의 고대 한국 사신이 입은 '단령(團領) 상의는 고구려가 이미 초기, 아무리 늦어도 4세기경에 중국이나 돌궐과의 접촉을 통해 받아들인 서방계 복제'라고 하였다. 이 사절은 고구려인일 가능성이 크며, 삼국시대에 한국과 서역 간에 타클라마칸사막과 파미르고원을 넘어 소그디아나에 이르기까지 직접 접촉한 사실을 증명해 주는 매우 중요한 사료로 보았다.

고구려 벽화에 나오는 장식문양에 대해서도 언급했는데, 여러 개의 동심원이 겹쳐진 환문(環紋)에 대해서는 불상을 표현하는 데 있어 생략형으로서의 두광을 뜻하는 것으로 서역과의 연관성을 말해 주는 요소라고 지적했다. 고구려 벽화의 천장이나 창방을 받드는 역사상은 북위대의 운강석굴에도 자주 나타나며, 이는 인도 크리슈나신의 모습에서도 보이므로 그 기원은 인도에서 서역을 거쳐 들어온 것이라 하였다. 김원룡의 연구는 고구려 고분의 건축, 벽화 제재, 복식, 장식문양, 중앙아시아에 출현하는 고대 한국인의 모습까지 이후에 고구려와 서역 연구에서 다루게 될 분야를 포괄적으로 검토·제시하여 그 의의가 크다.

고구려 벽화에서 서역을 본 선각자인 도유호와 김원룡 이래 고구려 벽화에서 서역을 찾아내고자 하는 여러 연구가 지속적으로 이루어졌다. 대부분 고구려 고분벽화의 대표적인 서역문물들을 전거로 두 지역 간의 교류상을 추적하였다. 잘 알려진 서역의 문화 요소들로는 안악3호분의 수박도와 각저총의 씨름도 같은 주제, 신수, 서조, 영초, 천마, 일각수 같은 소재, 당초문과 팔메트 등 장식문양, 연화문과 불교의 전래, 고임식 천장가구(말각조정), 말을 타고 뒤로 돌아 활을 쏘는 기마반사(騎馬反射) 자세, 요고와 5현 비파 등 서역 악기, 고구려 복식과 서역 복식 간의 유형적·양식적 특징 등이 있다.

5세기로 편년되는 집안의 고분벽화에는 중앙아시아 및 인도·이란계 문화 요소가 자주 등장한다. 그중 역사상은 372년 불교 공인 이래 스텝지대와 북중국 등을 통해 수입된 불교 문화의 일부로 고구려에 직접 수용된 서아시아계 문화 요소로 본다.

고구려 벽화의 불상·보살상과 비천, 연화문, 연화화생, 화염문, 공양인 행렬도 등 불교 요소도 중국 5호16국 시기에 북방 이민족 국가들의 초기 불교 문화와 함께 고구려로 전래하였다. 특히 5세기 고구려 고분벽화의 불교 요소의 연원은 감숙 지역에서 찾을 수 있다. 또한 고구려 벽화의 묘주도에서 묘주가 앉은 의자(倚子), 특히 집안 지역의 묘주도에 보이는 의자의 기원을 중앙아시아 계통의 호상(胡床)으로 보기도 한다. 집안 지역의 의자 형식을 중앙아시아에서 찾는 것은 벽화 속에 등장하는 서역인들의 존재로도 알 수 있듯이 중앙아시아 문화와의 직접적인 교섭에 의한 결과로 파악하기 때문이다.

   고구려와 유라시아의 교류로에 대해서는 아프라시압 벽화에 보이는 고구려 사절의 서역 사행을 명문 자료와 함께, 그리고 고구려와 서역의 인적 왕래나 문물교류를 바탕으로 연구하여 일찍이 육로와 초원길이 제시되었다. 삼실총과 장천1호분에 새로 유입된 벽화 제재들로 보아도 고구려와 북위의 상설 사행로와 유연을 매개로 한 고구려와 중앙아시아의 북방 교역로 두 가지가 있었을 것으로 추정한다.

   장천1호분에 등장하는 다양한 서역문화 요소는 5세기 전반 고구려와 중국 북조 및 내륙 아시아 유목제국인 유연의 문물교류 증거로 고구려가 북위를 통해 서역문물을 접하고, 유연을 통로로 서역과 직접 교류했음을 보여 준다. 아프라시압 벽화에 등장한 고구려 사절이 소그드왕국의 사마르칸트로 가기 위해 택한 길은 당을 통하는 북중국길이 아니라 돌궐제국을 지나는 초원길이었다. 그 증거로 고구려 고분벽화에 보이는 서역문화 요소 중 일부가 매개자나 전달자의 변형을 거치지 않고 등장하는데 이는 서역문화 요소가 초원길을 통해 곧바로 고구려에 전해져 수용되었음을 시사한다. 이로 미루어 고구려와 중앙아시아가 생각보다 밀접한 교류관계를 유지하였을 가능성이 크다. 그리고 고임식 천장가구, 기마반사 자세, 팔메트 문양 등이 북방 초원의 유목세계에서도 확인되기 때문에 초원길을 통한 문화 교류에도 주목해야 한다.

고구려와 유라시아의 교류에 대해서는 문물 교역에 따른 간접 전래와 서역인의 직접 내왕 등 두 가지 가능성을 들 수 있다. 여기에서 생각할 점은 실제와 관념의 표현이다. 서역계 인물이 표현된 제재를 실제 서역인을 표현한 것인지, 아니면 서역인에 대한 이미지를 관념과 결부시켜 표현한 것인지, 혹은 도상화된 이미지를 그대로 모방했는지 고려해 볼 필요가 있다.

여러 가지를 고려해 볼 때 서역계 인물로 나타난 비중원적 제재가 표현되기 시작한 5세기 초·중엽 고구려에는 이미 서역계 주민이 거주했을 가능성이 크다. 이와 함께 중국 북방왕조로부터 유입된 불교로 고구려화된 서역인과 서역에 대한 이해의 폭이 넓어졌을 것으로 여겨진다. 따라서 고구려 고분벽화에 서역계 인물이 표현된 제재들은 관념과 도상화한 이미지를 표현하는 데 고구려의 실제가 반영되었다고 볼 수 있다.

2. 유라시아 탐구의 시작

　고구려인의 대외교류에 대한 시각적 증거 자료로 항상 언급
되는 아프라시압 궁전의 고구려 사절도는 시공간적 연결 루트
가 아직 온전하게 복원되지 못하여 해당 지역과 고구려인의 실
제 교류보다는 정형화된 고대 한국인의 이미지가 재현된 것이
라고 보는 견해가 있다. 이는 궁전 벽화가 고구려 멸망과 가까운
시점에 그려진 것인 데다가 7세기 소그드와 고구려를 잇는 중간
루트가 아직 설정되지 못했기 때문이다.

　아프라시압 궁전지 벽화를 만든 소그드는 중앙아시아의 문화
전파체로서 지난 20~30년간 집중적으로 주목받았다. 소그드
미술은 주로 6~8세기의 것들만 알려졌기 때문에 고구려 고분

벽화와 연관 짓기가 쉽지 않다. 또한 중국미술에서 소그드의 서역계 미술이 집중적으로 출현하는 시기는 6세기 북조대로 고구려 고분벽화에 서역적 문화 요소가 강하게 드러나는 5세기보다 늦다.

소그드로 통칭되는 서역문화는 소그드 지역을 중심으로 다양한 문화가 포괄되어 있으며, 소그드는 그러한 다양한 문화의 전파 매개체에 해당한다. 따라서 7~8세기 아프라시압 궁전지 벽화를 조성하기 전 소그드의 역사와 미술, 그리고 그에 영향을 미친 다양한 문화권을 고찰한다면 소그드와 고구려 고분벽화의 시공간적 연결 고리를 찾을 수 있을 것으로 생각한다.

아프라시압 궁전지 벽화에 그려진 고대 한국인의 이미지가 가진 상징성과 고대 한국과 중국에 나타나는 중앙아시아계 미술문화의 실체는 아프라시압 궁전지 벽화 이전부터 우즈베키스탄 지역을 따라 동서로 교차한 미술문화의 흐름을 고려하는 방법론을 통해 살펴볼 수 있다. 또한 고구려 벽화가 조성되기 직전인 3~4세기 중앙아시아 미술문화의 동전 과정을 살피면 중앙아시아 미술문화가 중국 위진시대의 화상석·벽화문화와 함께 고구려 고분벽화의 풍부한 문화적 원천으로 작용했음을 알 수 있다. 중국 북방과 유라시아 지역을 따라 조성된 중앙아시아 계통의 고분과 불교미술 고찰은 소그드 미술의 이해가 6~8세기에 머물러 있는 시공간적 한계를 벗어나는 데 도움이 된다.

본서에서는 서역이라는 용어를 보다 포괄적인 범위인 북방문화 또는 유라시아문화로 확대하여 대체 사용하고자 한다. 고구려의 대외교류를 이해하고자 할 때 서역이라는 용어는 우리의 시야를 제한하고, 해당 미술문화의 원류를 명확히 볼 수 없게 한다. 기원전 60년, 한나라가 흉노를 제압하기 위해 타림분지 중앙의 오루성에 서역도호부를 설치한 것에서 유래된 서역은 지금의 중국 신강성이다. 아울러 한무제 때 서역 경영으로 지배권을 행사하게 된 신강성과 감숙성 지역이 중심이다. 이는 좁은 의미의 서역이며, 실제로 적용되는 공간적 개념은 중앙아시아를 의미하기도 하지만 넓게는 서아시아, 인도 북부 등까지 확장되는 넓은 범위이다.

이에 따라 기존에는 용어가 주는 한계로 인하여 주로 중국의 신강성과 감숙성의 불교 유적과 고분을 살펴보는 데 그쳤다. 그러나 이 지역은 스스로 문화를 발생시켰다기보다는 문화 교류로로서 문화 변용이 일어나는 곳이다. 따라서 고구려 벽화에 등장하는 서역적 요소의 기원으로 매개체에 불과한 이 지역에 고정한 시선을 거둘 필요가 있다. 중국이 정립한 서역이라는 개념으로 고구려 고분벽화에 등장한 서역을 이해한다면 그 범위와 시기, 그리고 교류로에 대해 중국 중심의 시선으로 해석하게 된다. 그렇기 때문에 고구려 벽화문화를 형성시킨 외래문화를 종합적으로 이해하기 위해서는 유라시아문화 또는 북방·유라시아문화라는 용어를 사용하는 것이 적합하다.

고구려의 서쪽에서 전파된 외래문화를 통상적으로 '서역문화'로 부른다면 고구려가 받아들인 '서역'은 중국의 중원을 거쳐 온 것과 북방 초원을 통해 들어온 것으로 생각해 볼 수 있다. 특히 고구려가 벽화문화를 받아들일 당시에 한·위·진시대의 중국과 북방유목민 사이의 접경지역을 따라 형성된 소위 '북방기류'가 오간 북방문화권대에 주목해야 한다.

'북방기류'론은 북방민족 간에 문화적 연대가 형성되었다는 견해로서 덕흥리벽화분과 중국 감숙성 주천의 정가갑5호분의 유사성은 16국 시기부터 북조 시기까지 하투 지역에서 동북지구까지 하나의 문화 통로가 형성된 것으로 본다. 고구려가 서역 문화나 불교 문화를 받아들인 경로가 이러한 북방·유라시아문화권대를 통한 것이라면 모든 외래요소를 포괄적으로 칭하는 북방·유라시아문화 또는 유라시아문화라는 용어를 사용하는 것이 적합하다.

한편, 고구려 고분벽화와 서역미술의 관계에서 소그드로 대표되는 서역인과 서역 미술문화를 세분화하는 것은 이해에 도움이 된다. 고구려 고분벽화 형성과 발전에 관련된 서역 미술문화는 광범위한 지역과 시대를 포괄한다. 그중에서 페르시아 미술에 대하여 주목하고자 한다. 소그드가 거주한 지금의 우즈베키스탄 지역에서는 기원전부터 아케메네스, 파르티아, 그레코 박트리아, 쿠샨, 사산, 에프탈(엽달), 돌궐 등 다양한 나라가 문화 교류를 경험하면서 미술문화를 발전시켰다. 소그드 미술의 전성기인 6~7세기에 가장 많은 영향을 미친 것은 그레코 박트리아, 쿠샨, 그리고 그리스·로마 미술 양식이 사산조 페르시아(226~651)를 거쳐 형성된 그레코-이란(Greaco-Iranian) 양식이다. 그레코-이란 양식은 스키타이·흉노의 카펫에 장식된 그림과 금속공예품의 양식에서도 그 흔적을 볼 수 있다. 아울러 소그드 문화의 동전에 대해서도 고려해야 하는데 소그드 상인들은 쿠샨과 박트리아 상인들을 이어 동서 교역을 주도했다. 그들은 이미 2~3세기부터 중국의 신강과 감숙, 그리고 요녕까지 거주지를 조성하며 소그드 지역과 중국 북부지역 간의 인적·물적·문화적 교류를 이루었다.

유라시아문화를 만들다

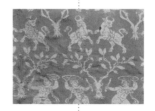

1. 북방기류의 형성: 스키타이와 흉노의 미술

고구려 벽화의 유라시아문화 요소의 기원과 형성 배경으로 스키타이와 흉노의 대표적 고분과 그 출토품의 특징인 문화적 다양성을 살펴본다.

'북방유라시아문화'의 지리적인 개념은 시기별로 번성했던 초원·유목문화의 권역 변화에 따른다. 유목민의 특성상 북방민족들은 외래 문화 요소를 적극적으로 받아들였고, 중국에 전달하는 중계자 역할을 담당했다. 북방유목문화 자체가 가진 다양한 외래문화의 자유로운 유입과 동서교류의 매개체라는 특징은 고구려 고분벽화의 유라시아문화적 요소 고찰에서 염두에 두어야 할 점이다.

스키타이와 흉노의 미술 전파를 통한 유라시아문화(또는 북방기류)의 형성을 살펴볼 때는 스키타이와 흉노의 시기별 이동 및 중국의 서역 경영을 함께 고려해야 한다. 스키타이와 흉노 미술 문화의 특징인 동물 양식이 표현된 금속공예품은 초원로와 오아시스로를 따라 넓은 지역에서 출토된다. 이들의 공통점은 직접 생산해낸 미술품들도 있지만 스키타이의 경우 그리스 장인, 흉노의 경우 춘추전국-한대의 장인이 세련된 솜씨로 주문자의 취향에 맞게 제작한 것들도 있다. 동시에 이들의 취향이 중국에도 영향을 미쳐 이른바 초원풍의 청동기나 금속공예품이 출현하면서 중국 미술의 발달에 영향을 미쳤다.

스키타이와 흉노의 미술은 공예미술이 발달하였으며, 동물 의장과 귀금속을 사용하는 특징이 있다. 스키타이는 기원전 6~5세기에 아시리아나 페르시아를 비롯한 고대 오리엔트 문화와, 기원전 4~3세기에 드네프르강 유역으로 이동한 후에는 그리스 식민도시들과 교류하면서 그리스와 헬레니즘 문화와 영향을 주고받는다.

고구려 고분벽화와 스키타이와 흉노 미술의 연관 관계를 고찰할 수 있는 스키타이와 흉노의 고분미술로는 각종 미술품을 장식하는 동물문양이 있으며, 관·곽의 천장, 벽, 바닥 등에 설치되거나 안장깔개로 제작된 직물 장식들이 있다. 후자의 경우 무덤 안에서 벽화와 화상석 역할을 대체하는 것으로 이른 시기의 중국미술의 예로 무덤 내부 벽면을 둘러싼 적색 휘장 장식이 중국 산서성의 서주 중기 고분에서 출토되었다. 잘 알려진 호남성 장사의 마왕퇴 3호묘에서도 목곽 내벽에 걸린 비단에 그림이 그려져 있다. 고구려 고분벽화에도 벽면 상단에 그려진 정면 연화문 문양에 못을 박은 흔적이 있어 비단 그림이나 휘장이 설치되었을 가능성이 있다.

스키타이와 흉노의 고분을 장식한 직물의 예는 기원전 5~3세기 알타이 파지릭 고분군과 기원전 1세기~기원후 1세기 내몽골 노인 울라 고분군에서 다수 출토되었다. 노인 울라에서 발견된 흉노 귀족의 고분군은 목곽 안에 금·은·철제 장식으로 화려하게 꾸민 목관을 놓았으며, 목곽 바닥에 카펫을 깔고 벽에 직물을 걸어서 장식하였다.

노인 울라 6호분은 내외곽 벽에 다양하게 수놓은 비단을 걸어 장식하고, 내곽 바닥에 펠트 카펫을 깔았다. 내곽 남벽에 걸린 비단에는 기마인물, 식물문·동물문 등이, 내곽 천장의 펠트 카펫에는 식물, 거북이, 물고기 등이 수놓아졌다. 바닥 카펫에는 중앙의 장방형 공간에 운기문, 그 둘레에는 사슴을 공격하는 날개 달린 짐승을 그려 넣었다. 바닥 카펫 장식은 페르시아의 영향을 받은 스키타이 동물 양식으로 보인다. 천장 카펫 장식은 중국계라는 의견도 있으나 전체적인 구성과 표현 방식으로 보아 그리스·로마 계통의 모자이크 장식에 가까워 보인다.

이 직물들은 스키타이와 흉노가 직접 제작했거나 외국에서 제작한 것을 수입한 경우, 또는 현지에 의뢰하여 제작한 경우 등으로 나눌 수 있다. 외래계의 경우 그리스·로마, 박트리아, 아케메네스, 파르티아 등 서방에서 가져왔거나 영향을 받은 직물과 중국에서 제작한 문자금(文字錦)들이 있다.

파지릭 고분이나 노인 울라 고분에서 출토된 직물의 인물도는 인물 동세 표현이 그리스 장인의 금속공예품보다는 다소 약하며, 유사한 단일 평면에 인물들을 일렬로 늘어놓는 구성이 반복되었다. 노인 울라 31호묘에서 나온 세 점의 직물에는 각각 7명, 6명, 4명의 인물들이 측면 입상으로 묘사되었다〈그림 5〉. 첫 번째 직물에는 기마인물을 포함한 인물들이 탁자를 사이에 두고 대화를 나누고 있다. 모두 심목고비형 얼굴에 머리에 띠를 두르고 있다. 다른 직물 두 점에서는 두세 명이 한 무리를 이루면서 대화를 나누거나 칼을 들고 싸우고 있다. 노인 울라 20호묘에서 출토된 직물은 화면 중앙에 긴 칼을 찬 인물이 의자에 앉아 잔을 손에 들고 맞은편에 서거나 앉은 네 명의 인물과 연회를 즐기고 있다〈그림 6〉. 노인 울라 25호묘에서도 31호묘나 20호묘와 유사한 심목고비에 콧수염을 기르고 머리에 띠를 두른 인물의 얼굴 잔편이 나왔다. 노인 울라 6호묘에서 출토된 직물에는 기마인물 세 명과 말 네 마리가 그려졌다. 복잡한 문양의 복식이나 말들의 살아있는 표정, 음영 표현 등이 뛰어나다. 6호묘의 기마인

그림 5 노인 울라 31호묘 출토 인물도
그림 6 노인 울라 20호묘 출토 인물도

물상 복식과 25호묘 인물 두상의 수염과 머리 장식이 스키타이인 형상에 가까워 스키타이 주문자에 의한 그리스 장인의 제작으로 보기도 하며, 또는 파르티아 주화의 인물상과 머리 장식이 유사하다고 보기도 한다. 20호묘에서 출토된 직물에는 날렵하게 뛰어가는 사슴을 활로 겨누는 인물이 보이는데 음영과 동세 표현이 주목된다.

이상에서 살펴본 직물들은 그리스 장인들이 제작한 것으로 추정되는 스키타이의 체르톰리크나 솔로하 고분에서 출토된 금속공예품의 인물 표현에 비하면 인물의 생동감이 부족하지만 나름의 서사적 구성과 표현 기술을 볼 수 있다. 또한 헬레니즘과 관련 있는 박트리아 상류층이나 파르티아에 속하는 문화, 두라 에우로포스와 같은 파르티아제국 지배 지역의 그레코-이란 양식 등과 유사하므로 파르티아가 흉노에게 전달한 것으로 보기도 한다. 아울러 이 직물들이 보라색으로 염색된 점에 주목하여 중국의 비단을 시리아의 티레 또는 시돈에서 염색(대개 보라색 염색)하거나, 시리아에서 제작되어 중국으로 전해진 후 흉노가 중국으로부터 공물로 받은 것으로 추정하기도 한다.

직물에 그려진 장면들처럼 서사적 구성을 한 금속공예품으로는 그리스 헬레니즘의 영향을 주로 받은 스키타이의 드네프르의 체르톰리크 고분과 솔로하 고분 출토품이 있다. 체르톰리크 고분에서 출토된 철검집 금박판(金箔板)과 검자루는 기원전 5세

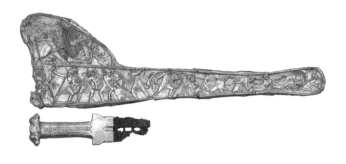

그림 7　체르톰리크 고분에서 출토된 철검집 금박판(金箔板)과 검자루

기 아케메네스 제품이며, 검집 금박판은 흑해 북안의 고대 그리스 도시들에서 스키타이인들에게 팔 목적으로 제작한 것으로 추정한다(《그림 7》). 검자루는 전형적인 페르시아계 제품으로 페르세폴리스 궁전의 주두 장식 같은 소머리 두 개의 대칭 장식과 페르시아식 옷을 입은 무장기사가 영양을 추격하는 수렵도, 그리고 연화문양대가 새겨졌다. 그레코-스키타이 양식의 검집 금박판은 그리스와 페르시아의 생동감 넘치는 전투 장면을 열한 명의 다양한 동작으로 묘사하였다. 검집 앞부분에는 독수리 머리와 사자 몸통을 한 그리핀이 점박이 사슴의 머리를 공격하는 장면이 묘사되었다. 그리핀과 사슴 모티프는 아케메네스 왕조의 부조와 파지릭 고분·노인 울라 고분의 직물 장식에 등장한다. 검집과 검자루는 기원전 4세기 후반 알렉산드로스 대왕이

그림 8　그레코-스키타이 양식으로
제작된 솔로하 고분 금제 빗

페르시아를 침략하여 얻은 것을 스키타이에 선물로 보냈고, 스
키타이 왕이 고분에 부장한 것으로 추정된다.

　세 명의 스키타이 무사가 전쟁을 벌이는 장면을 묘사한 솔로
하 고분의 금제 빗도 기원전 5세기 말~기원전 4세기 초 그레코-
스키타이 양식으로 제작된 것이다(〈그림 8〉). 스키타이 귀족들이
흑해 북안의 그리스 식민지 공방에 주문한 것으로 혼합된 양식
을 잘 보여 준다. 중앙의 기마인물이 긴 칼을 아래로 내리 찌르며
상대방을 공격하고, 그가 탄 말이 바닥에 드러누운 상대방의 말
을 밟고 있는 장면이 생동감 넘치게 묘사되었다. 스키타이인의

그림 9   스키타이 솔로하 고분
출토 동물투쟁문 헌배

얼굴, 복식, 무기 등이 세밀하게 묘사되었으며, 무사들과 빗살
사이에는 페르시아풍의 다섯 마리 사자상이 있다.

스키타이 금속공예품과 파지릭·노인 울라의 직물미술에서
가장 많이 발견되는 것은 동물투쟁도나 동물행렬도이다. 스키
타이 솔로하 고분에서 출토된 동물투쟁문 헌배(獻杯, 기원전 5세기
말~기원전 4세기 초)는 암사슴과 말을 공격하는 사자가 부조로 반
복되어 병렬 배치되었다(〈그림 9〉). 사슴과 말의 목덜미를 물어뜯
는 사자 모티프는 아케메네스의 페르세폴리스 궁전의 부조에
서 반복적으로 출현한다. 이 문양은 페르시아와 스키타이 문화
의 특징이지만 헌배 윗면에 남은 그리스 명문으로 그리스 장인

이 제작한 것이 확인된다.

파지릭 1·2·5호묘의 안장깔개와 덮개에는 독수리 머리의 그리핀이 큰 뿔을 가진 사슴을 공격하는 장면이 묘사되었는데 동물의 몸통에 원, 꺾쇠, 쉼표 등 유색 도안을 한 것이 특징이다. 이러한 표현은 바빌론의 이슈타르 문과 아케메네스의 수사 궁전에 유약을 입힌 벽돌 장식의 동물상에 이미 출현한다. 페르시아의 상감 기법이 알타이의 유목민들에게 전파되면서 가죽과 펠트를 이용한 아플리케 사용이 지역적 전통이 되었다.

아시리아와 페르시아에서는 소형 카펫을 말 안장 대신 올렸는데 파지릭 고분에서도 유사한 관습이 있었던 것으로 보인다. 사르마티아 문화의 필리포바 고분에서 출토된 금제 사슴 장식과 중국 섬북(陝北)지역 신목현에서 출토된 금제 사슴 장식에는 이러한 문양이 가는 선으로 사슴 몸체에 그려져 있다. 페르시아-스키타이-흉노로 이어지는 동물 표현에서 신라 천마총의 말다래에 그려진 천마의 상감기법의 연원을 짐작할 수 있다.

파지릭 5호묘의 안장에는 어깨와 다리를 원형과 호형의 채색무늬로 강조한 열다섯 마리의 사자가 일렬로 걷는 장면이 묘사되었다. 거의 동일한 사자 행렬 장면이 페르시아 페르세폴리스 궁전의 알현도 상단에 새겨져 있다. 또한 파지릭 1·2호묘에서 출토된 벽걸이 모전은 일렬로 배치된 사자머리상과 양식화된 연화문으로 각각 장식되었다.

그림 10 내몽골 아로시등 유적에서 출토된 금관

　동일한 동물집단을 일정한 방향성으로 흐르는 듯한 구도로 배열하는 구도는 내몽골과 신강성 고분에서 출토된 스키타이·흉노 계통의 금속 장식품에서 종종 관찰된다. 금관으로 유명한 내몽골 아로시등(阿魯柴登) 유적에서는 두 기의 무덤에서 총 4kg에 달하는 금제, 은제 유물들이 출토되었다. 출토된 금관에는 정수리에 독수리상이 올려져 있으며, 머리띠에는 양을 물고 있는 이리상이 함께 새겨져 있다(〈그림 10〉). 이 금관 장식은 파지릭과 노인 울라의 직물에 그려진 독수리와 그리핀 결합 도상이 조형화된 것이다. 양과 이리의 반복적인 도상으로 장식된 머리띠는 아케메네스조 페르시아와 스키타이 동물 양식의 영향을 잘 보

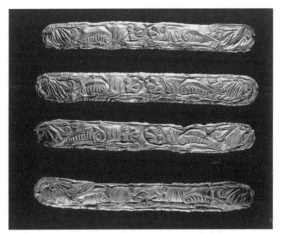

그림 11 신강성 투루판 아랍구 30호묘에서 출토된 맹수교합문금대

여 준다. 신강성의 파지릭계 문화 전파 사례로 언급되는 신강성 투루판 아랍구 30호묘에서 출토된 맹수교합문금대(猛獸咬合紋金帶)와 사자형 금박장식도 유사한 동물 양식의 스키타이·흉노계 장식품이다(〈그림 11〉).

아랍구 고묘군은 목곽묘의 구조, 다양한 짐승이 새겨진 금박 장식, 중국계 칠기 등 기본적으로 파지릭 문화의 중후기에 해당 하는 문화상과 일치하여 파지릭계의 문화가 존재했던 것으로 본다. 아랍구 20호묘에서 출토된 방좌승수동반은 나팔형의 기 대 위에 방형의 반을 설치하고, 반 위에 맹수 두 마리를 부착하였 다. 비슷한 유물이 인접한 카자흐스탄에서 흔히 발견된다.

페르시아·스키타이·흉노 미술에서 대칭 또는 병렬로 일정하게 동물문양을 배치하는 형식은 신강성과 내몽골의 흉노계 금속공예품에도 보이지만 흉노와 한의 경계 지역인 섬북 동한묘의 문미 화상석에도 나타난다. 고구려 고분벽화의 말각조정 천장에 동물을 배치하는 특징으로도 나타나 고구려 천장의 동물 표현이 유라시아 계통임을 알 수 있다.

스키타이의 전통 모티프인 뿔이 강조된 수사슴은 켈레르메스 4호묘(기원전 7~기원전 6세기)의 활·화살통 금박장식에서 보는 것과 같이 부조로 표현되는 예가 많다. 알타이의 파지릭 고분과 러

그림 13　노보체르카스크의 호흐라치 고분에서 출토된 금관과 사슴 장식

시아의 필리포바 고분(사르마티아, 기원전 4세기)에서도 환조로 된 사슴 장식이 다수 출토되었다(〈그림 12〉). 원래 묘실 입구에 세워져 있었던 것으로 여겨지는 필리포바 고분의 사슴 장식품은 사르마티아 문화에서 만들어진 것으로 추정한다. 그리고 노보체르카스크의 호흐라치 고분에서 출토된 금관의 사슴 장식은 그레코-바바리안(Graeco-Barbarian) 양식으로 흑해 북안에서 제작된 것이다(〈그림 13〉). 금관 몸체의 보석 장식과 여인상은 그리스풍이지만 금관 입식인 나무와 긴 뿔 사슴의 교차 배치는 아케메네스 부조와 금은기 및 파지릭 고분, 필리포바 고분과 노인 울라 고분의 사슴 장식과 연결된다.

그림 14 중국 섬서성 신목현 납림촌에서
출토된 사슴 장식

　필리포바 고분의 금박 사슴 환조상과 중국 섬서성 신목현 납
림촌(納林村)에서 출토된 사슴 장식(전국시대~한대)은 몸통의 나선
과 원형 무늬, 머리에 꽂힌 긴 뿔 장식의 꼬인 형태, 납작하게 만
든 뿔 측면을 여러 개의 가는 선으로 장식한 것, 뿔 끝에 새 머리
가 장식된 것 등이 상당히 흡사하여 스키타이·사르마티아의 사
슴 장식이 흉노에게 전해진 후 흉노와 한의 접경지역에 출현한
것으로 여겨진다(〈그림 14〉).

　섬서성의 신목, 미지, 유림, 수덕 등의 한대 화상석에도 동물
문양이 다수 나타나는데 스키타이·흉노계의 가로누운 사슴이

나 사실적이고 세련되게 표현한 긴 뿔 사슴이 문미와 문주 화상에 자주 출현한다. 섬북의 화상석은 도상의 반복이 심한데 일정한 종류의 범본을 가지고 화상을 돌에 새기는 형태이다. 자주 출현하는 동물 화상들은 신목, 미지, 수덕, 유림 등 섬북 지역에 두루 유통되면서 형상과 배치에서 큰 변형 없이 반복적으로 제작되었다. 이 지역은 흉노를 다스리는 중국의 치소가 설치된 곳으로 흉노와 한문화가 섞이는 경계지역이다. 한대에는 흉노족의 주문에 맞춘 금속공예품들을 중국 장인들이 제작한 사례가 많으므로 흉노의 북방문화계 미술이 유입되었음을 짐작할 수 있다. 섬북의 미지 화상석 묘실벽의 운기문과 사슴문 결합 도상은 하남성 밀현의 타호정 고분 석문 문미와 석문 문비 화상과의 연관성을 보여 준다. 타호정 한묘는 서아시아와 북방초원 문화가 한대 화상석 및 고분벽화에 유입된 대표적인 예이다.

이 같은 내용에서 파지릭의 왕관 입식이나 말머리 입식으로 사용된 긴 뿔 사슴 장식이 사르마티아 금관의 사슴, 알타이의 사슴돌, 섬북 신목의 금제 사슴, 고구려 무용총 수렵도의 사슴, 신라 금관의 사슴뿔 형상으로 이어지는 조형 전파 과정을 볼 수 있다.

스키타이·흉노의 동물 양식은 중국의 상·주시기 청동기 제작에도 영향을 미쳐 수렵문을 비롯한 동물 의장이 나타난다. 중국의 청동기 양식은 기원전 8세기~기원전 7세기경부터 북방 유목민족을 비롯한 외국과의 교섭이 활발해지면서 크게 변했다. 먼저 춘추전국시대에는 서로 복잡하게 얽혀 투쟁하는 동물 문양이 새로운 장식으로 등장하기 시작했고, 수렵문이 나타난다. 수렵문의 경우 기마 수렵과 마차 수렵, 도보 수렵 등 형태가 다양하나 한대에는 기마 수렵이 주를 이루며 주인공이 호복 차림이다. 이는 스키타이를 비롯한 유목민족의 영향을 시사한다.

춘추전국시대부터 한대에 걸쳐 나타나는 서아시아와 초원문화의 영향은 다양하다. 중국의 서주, 광주 등 두 지역에서 초원 양식의 장식물이 다수 출토되었으며, 하북성 만성의 중산국 유승묘, 하남성 영성의 양왕묘에도 초원 양식의 황금 혹은 도금 장식품이 발견되었다. 강소성 서주의 사자산 서한 초왕묘에서 출토된 두 점의 황금 요식패에는 이리와 곰이 투쟁하는 장면이 중앙에 있고, 가장자리에는 뿔 달린 사슴이 있다. 녹각 끝에는 새 머리 장식이 있어 북방유목민과의 연관 관계를 알려주나 중국에서 제작한 것으로 여겨진다. 광주 남월왕묘에서 출토된 청동 도금마액식(靑銅鍍金馬額飾, 기원전 2세기)은 하단이 뾰족한 타원형의 장식품으로 유연하게 몸통을 구부린 긴 뿔 사슴이 새겨져 있다(〈그림 15〉). 유사한 긴 뿔 사슴 모티프와 타원형 은제 말 장식품이 노인 울라 6호·30호묘, 골 모드 20호묘에서 출토되어 흉노 계통의 장식임을 알 수 있다.

한대 상류층이 애용한 초원 양식의 황금 장식품은 대부분 중국에서 제조된 것으로 사용자는 중국인 또는 흉노이다. 서안에서

그림 15 광주 남월왕묘에서 출토된 청동도금마액식

는 이러한 장식품을 주조한 인물이 묘주로 짐작되는 기원전 3세
기 고분이 발견되었다. 부장품 중에서 뿔 끝에 작은 새 머리를 얹
은 일두장각(一頭長角)의 사슴 형상이 새겨진 도모(陶模)와 중국
의 전통과 초원 특색을 모두 갖춘 도범(陶范) 등이 발견되어 묘주
가 초원풍의 청동기를 만드는 주공(鑄工)이었을 것으로 추정한
다. 이러한 다문화적 또는 외래계 취향에 맞춘 제작방식은 스키
타이가 주문하여 흑해 연안의 그리스 장인이 제작한 스키타이
의 금속공예품을 연상시킨다.

　내몽골의 서구반(西溝畔) 2호묘에서도 금제 관식(冠飾), 동물장

식이 된 장방형 판식 등이 출토되었는데, 동물장식이 된 장방형 판식 뒷면에 명문[一斤二兩十朱少半 故寺豚虎三]이 있어 중국 수공업자가 흉노인들을 위해 제작했거나 흉노 사회에서 중국계 장인이 제작한 것으로 추정하고 있다.

한대 상류층의 부장품에는 권운문(卷雲紋)과 신수(神獸)가 산수에 출몰하는 도안이 있다. 이는 그리스와 헬레니즘에 영향을 받은 지역에서 초화문과 동물 도안으로 먼저 만들어진 것이 동전하면서 복합적으로 발전한 것이다. 하남성 영성 망탕산의 시원한묘 천장벽화, 호남성 장사 마왕퇴 한묘의 칠관화, 신강성 니야와 내몽골 노인 울라묘 출토 칠기 등에 나타난 유사한 문양은 산수와 결합하면서 표현 수법이 구체화·사실화되었고, 이후에 수렵도와 기마도에도 출현하였다. 섬서성 수덕의 한대 화상석묘와 하남성 밀현의 타호정 화상석묘에서는 권운문과 동물문이 결합했고, 하북성 정현의 122호묘에서 출토된 은기의 수렵문에서는 권운문과 인물조수산수(人物鳥獸山水)의 결합을 볼 수 있다(〈그림 16〉). 섬북의 화상석과 섬북 정변의 한대 벽화묘에서 야생 동물이 출현하는 구릉지대를 표현한 산악문이 발달한 것도 서쪽에서 온 새로운 자극이 반영된 것이다.

서아시아 계통의 춘추전국-한대 미술장식품으로 남월왕묘에서 출토된 옥제 각배와 화변형 은합이 있다. 은합은 아케메네스 양식을 계승한 안식(파르티아)인들이 사용한 화변형 은기를 기

그림 16 하남성 밀현의 타호정 벽화묘

초로 만든 것이다.

한편, 중국의 신선들이 사는 이상향을 묘사한 박산향로의 기원은 아케메네스에서 유행한 향로에서 찾아볼 수 있는데, 페르세폴리스의 알현도 부조 중앙에 선명하게 표현되어 있다. 한대 유승묘에서 출토된 박산향로의 박산 하단에는 네 마리의 동물이 행렬하고 있는데, 방위를 대표하는 사신(四神) 중에 현무 대신 대표적인 유라시아계 동물인 낙타가 있어 북방초원계의 영향을 반영하고 있다.

석굴처럼 바위를 파고 조성한 애묘(崖墓)도 페르시아계 건축

양식이나 인도의 석굴 양식이 전해진 것이다. 이란의 낙쉐 로스
탐의 아케메네스 왕조의 고분군에 대표적으로 사용된 애묘 형
식은 기원전 3세기~기원전 2세기에 하북성 만성 유승묘와 광
동성 광주 남월왕묘 등에 등장한다. 2~3세기 동한에서는 이란-
페르시아계 애묘 묘장방식이 다수 모방되었다. 특히 중국 산동
성 및 사천성에서는 내부에 독립 입주를 세운 석실묘나 애묘가
유행하였다. 두 지역은 개별 입주를 세우고 기둥의 아랫부분을
양 머리 조각상으로 장식하였는데 페르시아 궁궐 건축의 주두
형식을 모방한 것이 분명하다.

또한 한대 전축묘나 석실묘에 채용된 아치형의 둥근 천장은
주변에 많은 영향을 끼친 이란의 파르티아 건축양식이다. 중국
하남성 밀현의 타호정묘 천장 연화문 장식과 말각조정 형식도
서아시아에서 온 것으로 한대 고분의 천장 형식이 외래 계통의
건축과 장식에 자극을 받아 발달하였음을 보여 준다.

이상과 같이 스키타이와 흉노의 미술은 그리스·로마 및 페르
시아 미술의 영향을 다분히 보여 주며 중국의 춘추전국-한대의
미술에도 영향을 끼쳐 고분미술에 스키타이-흉노계와 그레
코-이란계 문화 요소의 족적을 남겼다. 흉노와 한의 고분미술
에 유입된 그레코-이란 양식은 고구려가 벽화문화를 형성하기
까지 북방지역을 따라 전파·축적되어 고구려가 융합한 외래 문
화 요소로 자리 잡게 되었다.

2. 소그드 미술의 전통

1) 아케메네스 미술

고구려 벽화에 보이는 유라시아문화의 구성 요소를 이해하기 위해서는 소그드 지역을 다스린 나라들의 문화에 대해서 고찰하여 우리가 흔히 이야기하는 소그드 미술인 7세기 아프라시압의 궁전지 벽화가 조성되기 이전의 소그드 미술의 성격과 특징을 살펴보아야 한다.

소그디아나는 기원전 6세기부터 약 200년 동안(기원전 530~기원전 330년) 아케메네스조 페르시아(波斯, 기원전 558~기원전 330년)의 지배를 받았다. 아케메네스 제국은 파르티아, 호라즘, 박트리아,

소그디아나, 스키타이 등 카스피해 동쪽의 중앙아시아 지역을 지배하였다. 소그디아나와 박트리아, 호레즘 등 정복지역의 사절단이 아케메네스 왕조의 수도인 페르세폴리스에서 조공을 바치는 모습은 페르세폴리스 아파다나 궁전의 부조에 잘 나타나 있다. 아케메네스 제국은 기원전 329~기원전 328년에 마케도니아의 알렉산드로스 대왕에게 멸망했다.

기원전 6세기~기원전 4세기 소그드 지역을 다스린 아케메네스 왕조의 대표적인 유적은 페르세폴리스 궁전 유적지와 낙쉐 로스탐 왕릉이 있다. 특히 다리우스 대왕의 보물 수장고에 새겨진 두 점의 알현도 부조, 알현실이었던 아파다나 궁 동쪽과 북쪽 계단 전면(前面)에 새겨진 조공사절단과 사자·황소의 투쟁도 등이 유명하다(〈그림 17〉, 〈그림 18〉, 〈그림 19〉). 조로아스터교의 노우르즈 축제를 상징하는 것으로 해석되는 사자와 황소의 투쟁 부조는 스키타이·흉노 미술에 보이는 동물투쟁도 형식에 선행 또는 같은 시기의 작품으로 중요한 의미가 있다.

낙쉐 로스탐에는 우뚝 선 병풍 모양의 절벽 중간을 파고 들어간 다리우스 1세(재위 기원전 522~기원전 486년), 다리우스 2세(재위 기원전 423~기원전 405년), 아르타크세르크세스 1세(재위 기원전 465~기원전 424년), 크세르크세스 1세(재위 기원전 486~기원전 465년) 등의 애묘가 있다(〈그림 20〉). 중국 하북성 만성의 유승묘 같은 석굴 형식의 애묘로서 오른쪽부터 다리우스 2세, 다리우스 1세, 크세르크

그림 17 페르세폴리스 궁전 유적지 알현도

그림 18 페르세폴리스 궁전 유적지 조공도

그림 19 페르세폴리스 궁전 유적지 사자와 황소 투쟁도

그림 20 낙쉐 로스탐 아케메네스 애묘

그림 21 낙쉐 로스탐 아케메네스 애묘 묘실 입구의 부조

세스 1세, 아르타크세르크세스 1세의 순으로 조성되었다.

이 4기의 묘형은 기본적으로 동일하다. 묘실 입구 전면을 십자가형으로 얕게 파고, 묘실 입구 상부에 조로아스터교의 일월상, 아후라 마즈다 신상, 배화 제단, 그리고 왕의 초상을 새겼다〈그림 21〉. 그리고 페르시아 왕조의 신하들 또는 피정복민들이 왕과 아후라 마즈다가 서 있는 단을 받치고 있는 이른바 옥좌메기상이 있다. 절벽의 지표 가까운 곳에는 사산조가 아케메네스의 정통성을 잇는 왕조임을 강조하는 의미로 사산조 초기 왕들의 모습을 조각하였다.

페르세폴리스에는 사산조 초기 왕족이 방문하여 조상을 찬양하고 제사한 사실을 기록한 선각화와 명문이 남아 있다. 아케메네스의 위대한 왕들의 무덤인 낙쉐 로스탐에도 사산조 왕들의 왕권과 승전을 기념하는 부조를 연달아 새겨 같은 상징성을 이용하였다. 이처럼 사산조는 아케메네스의 대표적 유적인 페르세폴리스와 낙쉐 로스탐을 자신들의 정통성과 권위를 상징하는 표상적 기념물로 여겼다.

이란 북서부의 케르먄사의 비스툰에도 아카메네스 왕조의 유명한 부조가 남아 있다. 다리우스 1세(기원전 522~기원전 486년)가 자신의 왼발로 그의 정적인 가우마타(기원전 ?~기원전 521년)를 밟고 있는 모습이 비문과 함께 조각되었다. 다리우스 왕 앞에는 그가 정복한 이민족들이 포승에 묶여 서 있으며, 특유의 긴 모자를 쓴 스키타이 왕이 끝에 서 있다.

아케메네스 왕조는 부조뿐만 아니라 금속공예품에서도 페르시아 공예품의 전형을 마련하여 이후에 오게 될 사산조만이 아니라 근동과 중앙아시아에도 많은 영향을 미쳤다. 아케메네스 미술에서 기원한 주제와 표현은 쿠샨과 사산을 거쳐서 중국 북조대에 소그드 이주민의 지도자이자 조로아스터교 사제였던 안가, 우홍, 사군 등의 묘에 석각 주제로 재현되었다.

알렉산드로스 대왕의 동방원정으로 멸망한 아케메네스조 페르시아에 이어 출현한 파르티아(기원전 256~기원후 226년, 안식安息)

는 아치형 천장 사용과 파르티안 샷으로 불리는 기마자세 및 그리스·로마의 영향을 다분히 받은 미술로 유명하다. 파르티아는 한나라와 공식적인 외교 관계를 맺으며 왕성하게 교류하였으나 사서에 남은 공식적 접촉은 많지 않다. 안식 사절을 동한에 파견한 것은 87년과 101년이며, 타조, 사자 등의 공물을 보냈다.

기원 전후 로마와 중국을 연결하는 실크로드의 한가운데 위치한 파르티아는 중계 무역을 독점하였다. 동한 환제 때인 147년에는 파르티아 왕자 안세고가 불교 승려가 되어 중국의 수도에서 불경을 번역했다. 이후 안씨 성은 그 지역에서 온 불교 승려들이 사용했고, 북조대에는 중국으로 온 서역 이주민들의 후손이나 북부 돌궐로 편입된 이주민들이, 당대에는 부하라에서 막 도착한 소그드인들이 사용했다.

파르티아 미술은 서아시아, 인도 등 광대한 지역에 나타나는 특정한 형식을 가리킨다. 대개 1~3세기 전반에 이란·이라크·시리아에서 발달한 미술을 말하며, 헬레니즘과 서아시아의 전통에 파르티아의 풍속, 종교관 등이 합해진 절충적 성격이다. 둥근 천장을 가진 이완(iwan) 형식을 도입한 절석(切石) 건축과 정면관 준수, 의식적인 경직성이 특징이다.

파르티아의 미술 양식은 그레코-오리엔트식 또는 그레코-이란식으로 부른다. 파르티아 미술은 3기로 구분되는데, 제1기의 대표 유적지는 니사이며, 헬레니즘 미술과 아케메네스조 페르시아미술이 절충된 그레코-이란식 미술의 시대(기원전 2세기~기원전 1세기)이다. 제2기(기원전 1세기~기원후 1세기)의 대표 유물은 샤미에서 출토된 왕자상으로 엄격한 정면관, 의식적인 경직성, 정신주의적 표현이 특징이다. 제3기(1세기 후반~3세기 전반)의 대표 유적지는 탕이사르박, 하트라 등이며 파르티아 미술이 이란에서 쇠퇴하는 동시에 시리아·메소포타미아에서 융성하는 시기이다.

파르티아에서 사산조로 이어지는 시기에 제작된 쿠에콰자 벽화와 스투코는 쿠샨 지역의 할차얀 부조, 호레즘의 토프락 칼라 벽화, 중국 신강성·감숙성의 쿠샨과 박트리아풍 벽화로 이어지는 연결 고리가 된다는 점에서 중요하다.

2) 쿠샨(월지)·에프탈(엽달) 미술

① 쿠샨미술

고구려에 유라시아문화가 형성되는 데에는 월지 쿠샨(月氏, Kushan)과 엽달 에프탈(嚈噠, Hephatalite)이 역할을 하였다. 월지는 원래 돈황과 기련 사이에 거주하던 유목민으로 한 문제 전원 3~4년(기원전 177~기원전 176년) 흉노의 공격으로 신강성 서부 이리하 유역 및 이서 일대로 이주하였다. 서쪽으로 옮아간 월지를 대월지라 하고, 지금의 기련산으로 이주하여 강인(羌人)들과 잡

거한 무리는 소월지라 한다. 대월지는 다시 오손의 공격을 받아 중앙아시아 아무다리야강 유역으로 이주하였다가 기원전 133~기원전 129년에 소그디아나(사마르칸트)에 정착한다. 한무제(기원전 141~기원전 87년) 때 장건이 흉노를 협공하기 위해 대월지를 방문한 것이 알려져 있다.

1세기경 쿠줄라 카드피세스(10?~70?)가 부족들을 통합하여 쿠샨 왕국을 창건한 후 카니슈카 왕(127~151년) 때에 이르러 지금의 인도 중부, 파키스탄, 아프가니스탄, 우즈베키스탄 남부, 타지키스탄 등을 아우르는 대제국을 이루었다. 쿠샨 왕국은 로마, 파르티아, 한나라 등과 더불어 가장 강력한 제국을 건설하였다.

쿠샨은 인도, 이란, 그리스, 로마, 극동 등과 교류하며 다양한 예술을 발달시켰다. 유목민족인 이들은 건축 조형물과 관련된 유산이 없어 박트리아에 남아 있던 그리스 미술을 받아들여 계승하였고, 불교를 받아들여 사원과 탑을 건축하기 시작하였다. 초기 유적으로 여겨지는 틸리야 테페의 유물들은 세련되고 절충적인 유목문화를 드러낸다. 초원의 동물 양식을 보존하면서도 실크로드를 따라서 유입된 헬레니즘, 인도, 중국, 유목 전통 등의 다양한 미술 양식들을 흡수하여 재해석하고 종합했다.

쿠샨 왕국의 전성기는 1~3세기로 그리스·로마, 서아시아, 인도 문화가 복합된 성격을 띤다. 왕의 초상과 수호신을 동전 앞뒤에 새기는 디자인, 그리스·로마 문화의 영향을 받은 코린트식

기둥머리, 불을 숭배하는 배화단 유적, 화폐에 보이는 나나, 미투라 같은 신의 모습 등은 그리스 로마와 서아시아적 요소이다. 수많은 불교 사원과 화폐에 새겨진 불교와 힌두교 신상에서는 인도 문화의 영향을 찾아볼 수 있다. 불상 제작을 위해 불러모은 박트리아 장인들은 그들 고유의 조각 기법으로 헬레니즘 양식의 불상을 제작했다. 쿠샨의 황제들과 그들의 뒤를 잇는 사산조의 통치자들은 헬레니즘 제국의 동부 지역이나 페르시아에서 장인들을 데려왔다.

아프가니스탄 북부 시바르간 교외의 틸리야 테페(황금의 언덕)에서는 1세기경 월지족 일파로 보이는 남자 묘를 포함해 여러 묘에서 제의적 무기들과 장신구, 귀중품들로 구성된 약 20,000점의 금제품들이 발견되었다(〈그림 22〉). 대부분 다양한 보석들로 상감되어 있는데 이란의 터키석, 아프가니스탄과 타지키스탄의 라피스 라줄리, 인도의 석류석·자수정, 발트해의 호박 등을 사용하였다. 틸리야 테페 3호묘에서 나온 금제 장식판(1세기 후반)은 그리스 의상을 입은 전사가 칼과 방패를 들고 당당하게 서 있는데 그레코-헬레니즘의 영향을 여실히 보여 준다(〈그림 23〉).

쿠샨 왕국의 문화를 보여 주는 대표적인 도시유적으로는 카라 테페, 파야즈 테페, 할차얀, 아이르탐, 달베르진 테페, 베그람 등이 있다. 쿠샨인들은 실크로드를 통하여 중앙아시아의 미술품들을 획득하였는데 1930~1940년대에 프랑스의 고고학자들

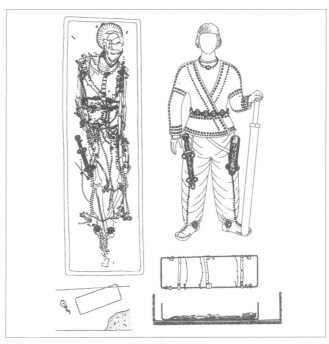

그림 22 틸리야 테페 묘에서 출토된 무기, 장신구 등 금제품들

그림 23 틸리야 테페 3호묘에서 나온 금제 장식판

64 / 65

이 아프가니스탄 베그람에서 쿠샨 왕조 지배기의 유적을 발굴하면서 그 폭넓은 교류상이 파악되었다. 10호실과 13호실에서 이집트와 로마에서 온 유리, 청동 제품, 중국에서 온 칠기, 인도에서 상아로 만든 가구 장식 등이 발견되었다. 10호실에서는 그림이 그려진 로마식 유리컵, 피알레, 청동 그릇, 메두사와 헤엄치는 물고기가 새겨진 청동 장식품, 유리 항아리, 물고기 모양의 유리 장식품, 알라바스트론, 파테라, 유리잔 등이 종류별로 방에 가득했다. 베그람은 쿠샨 제국의 서북 경계에 위치한 교역의 중심으로서 멀리는 중국 북위의 수도 평성이나 신라의 고분에까지 로마식 유리기와 피알레 같은 금은기를 전달하는 실크로드 대상(隊商)의 수장고 역할을 한 것으로 보인다.

지금의 우즈베키스탄 남부의 할차얀에는 기원전 3세기경 도성이 건설되어, 그레코-박트리아 시기, 스키타이와 월지의 이동 시기, 그리고 쿠샨 시기에 크게 확장되었다. 1959~1963년 할차얀 발굴 당시 쿠샨 초기의 궁전지에서 벽화와 채색 소조상이 발견되었다. 궁전지 알현실 후벽에는 쿠샨 왕족의 초상으로 보이는 남녀의 정면 좌상과 좌우에 선 신하들의 모습도 발견되었다(〈그림 24〉). 쿠샨 미술의 특징인 왕족 초상을 잘 보여 주는 이른 시기의 유적이다. 할차얀의 쿠샨 왕조 초상 조각과 기마 인물상에서는 파르티아의 영향을 찾을 수 있으며, 할차얀의 인물 표현 형식은 중앙아시아 미술에 다양하게 영향을 미쳤다.

그림 24 할차얀의 쿠샨 초기 궁전지에서 발견된 벽화와 채색 소조상

또한 간다라 양식의 쿠샨 불상은 초기 불교미술의 전파에서 중요하다. 특히 카니슈카 시기에 주조된 주화는 그의 통치 기간인 78~101년에 최초로 불상이 만들어졌음을 말해 준다. 인도 북부의 간다라 불상은 그리스·로마의 아폴론을 모델로 하여 이 지역의 회색 편암으로 제작하였다. 이러한 헬레니즘 양식의 불상은 처음 발견된 파키스탄의 간다라에서 그 명칭이 유래하였다. 간다라 불상 양식은 넓은 지역에 걸쳐 다양한 양식으로 존재한다. 일부 불상들의 양식은 이라크 하트라나 시리아 팔미라 등

에 나타나는 딱딱하면서 엄격한 정면상에서 유래한 것으로 보인다. 부처님의 생애를 묘사한 불전 도해 부조들은 그리스나 페르시아풍의 의복과 옷 주름, 큐피드나 아틀라스상, 꽃줄 장식이나 뿔 장식 등 서양미술에서 유래한 특징이 있다. 간다라 미술은 중앙아시아와 중국을 통해 고구려로 전해지면서 장천1호분에 간다라 양식의 불상을 낳았다.

②에프탈 미술

월지 다음으로 활동한 에프탈은 대월지와 유사한 종족으로 고차의 별종이라고도 한다. 에프탈은 원래 금산, 즉 알타이산 이남에 거주하는 유목민이었으나 370년대에 유연의 압력으로 서천하여 소그디아나의 제라프샨강 유역에 정착하였다. 이후 440년경 사마르칸트를 점령하고, 발흐와 박트리아까지 진출했다. 470년경에는 굽타왕조를 정복하여 30년간 인도 북서부를 다스렸다. 484년에는 에프탈의 아크슌와르가 사산조의 페로즈 (Peroz, 459~484년) 왕을 공격하여 살해한 후 메르브와 헤라트까지 영토를 확장했다. 그런 와중에 사산조 귀족 카바드(488~496년)가 페로즈의 형제인 발라시와 왕권투쟁을 벌이다 패하여 에프탈에 피신하여 에프탈 왕의 조카와 혼인하였고 에프탈은 498년에 그가 왕권을 갖도록 도왔다. 이로써 5세기 말경 에프탈은 페르시아에게 조공을 받을 정도로 강성해졌다.

에프탈은 서쪽 국경을 안정시킨 후 타림분지가 있는 북서쪽으로 영향력을 확대하며 493~556년에 호탄, 카쉬가르, 코초, 카라샤르 등을 침입했다. 그러나 557~561년에 사산조의 호스로 1세가 여러 유목민족을 이끌고 공격하여 565년 멸망하고 말았다. 초원의 전환점이 된 에프탈의 몰락으로 호스로 왕의 동맹국 중 하나인 서돌궐이 수 세기 동안 영화를 누렸다.

에프탈의 중앙아시아 정복에 관한 최근 연구에서는 이들이 해당 지역의 문화를 파괴했다기보다는 미술 양식이나 풍습을 동서로 보급하는 역할을 한 것으로 본다. 신강성 쿠차의 키질석굴에는 간다라 조각의 직접적 영향을 받은 초기 인도-이란 양식의 벽화(약 500년)가 있는데, 이는 에프탈의 영향으로 박트리아와 쿠차가 정치적으로 통일된 사실을 반영한다.

에프탈은 소그디아나와 쿠샨 정복 후 사마르칸트 남서쪽으로 65km 떨어진 펜지켄트에 수도를 정하였다. 펜지켄트는 상업교역의 중심으로 번성기를 맞으며 7세기에는 뛰어난 벽화도 남겼다. 동로마와 사산조 페르시아 및 중국 남북조를 연결하는 교통의 요충지에 위치한 에프탈은 동서교류의 통로 역할을 하였다.

에프탈은 유라시아적 문화 요소가 보이는 중국의 고분벽화와 사산조 및 소그드계 금속기가 등장하는 5~7세기에 가장 번성했다. 이 시기는 중국 북조의 서역계 석각이 출현하는 시기와도 맞물려 있다. 산서성 대동시 남교 공농로(工農路)에서 발견된 북

그림 25 발라릭 테페 유적 벽화에 그려진 연회 장면. 위는 원본의 선묘도, 아래는 모사도.

위시대 교장과 영하성 고원시의 북주시대 이현묘에서 출토된 서역계 금은기도 그리스·로마 계통과 페르시아 계통의 기형에 그리스·로마 신화의 번안 형식 및 세부 장식을 변형한 에프탈적 특징이 가미되었다.

에프탈의 벽화 유적은 딜베르진(Dilberjin), 발라릭 테페(Balalyk-tepe), 아지나 테페(Adzhina-tepe), 카피르 카라(Kafyr-qala), 칼라이 카피르니간(Kalai Kafirnigan), 칼라이 쇼드몬(Kalai Shodmon) 등에서 볼 수 있으며, 바미안석굴의 불교미술과 쿠샨-사산의 영향을 받은 은기(銀器)들도 유명하다.

　우즈베키스탄의 테르메즈 북부에 위치한 발라릭 테페 유적은 6세기 중엽 이후에 재건축된 성이다. 장방형의 중앙 홀을 장식한 벽화에는 여러 명의 남녀와 시종들이 기대어 앉아 연회를 즐기는 모습이 그려져 있다(〈그림 25〉). 남자들은 벨트로 여민 풍성한 튜닉을 입고 있다. 유사한 복식의 인물상이 펜지켄트 벽화와 바미안과 쿠차의 키질석굴에서도 등장한다. 에프탈은 연회도, 수렵도 등의 주제나 도상 형식에서 쿠샨 미술을 계승했다. 중국 북조의 고분에서 발견되는 에프탈과 사산계의 은기, 장신구류, 유리기 등에도 박트리아, 파르티아, 쿠샨, 사산 등 다양한 문화 요소가 담겨 있다.

3) 사산 미술

　사산조 페르시아(226~651년)는 4세기 말 쿠샨 왕조를 정복하며 역사에 등장했다. 강력한 힘만큼이나 이들의 미술은 소그드 지역에 큰 영향을 미쳐 그레코-이란 양식을 형성했다.

　사산 미술은 아케메네스와 파르티아의 전통을 이으며 부조와 은기(銀器)에서 전형적인 주제와 구성을 보여 주었다. 『위서(魏書)』「서역전」에 의하면 사산조는 455~648년 동안 13차례 중국에 사신을 보냈으며, 사산과 중국의 활발한 교류로 인하여 중국 미술에 사산 미술의 주제와 구성이 영향을 미쳤다. 특히 북조의 안가, 사군, 우홍묘 석각과 금은기, 인장, 금속장신구, 주화 등 사산조 미술의 영향을 받은 미술품이 중앙아시아와 중국에서 다수 발견되어 사산조의 문화적 파급력이 소그드를 포함한 중앙아시아와 중국까지 미쳤음을 알 수 있다. 또한 고구려 고분벽화에 등장하는 연회도, 수렵도 등도 사산 미술의 중심 주제이자 중국 북조의 소그드계 석각의 주제이며, 신라의 고분에서 출토된 유물에도 사산조 미술의 특징이 드러나는 등 사산 미술의 영향이 한반도까지 미쳤음을 상정할 수 있다.

사산 미술은 주로 부조와 은기 등으로 남아 있지만 4세기 동안 끊임없이 발행된 주화를 통해서도 전해지고 있다. 주화는 평균 지름이 28~30mm로 재위한 왕들의 정치, 경제, 종교적 선호가 반영된 상징 등이 그려졌으며, 왕의 신적 권위를 강조했다. 특히 왕관을 정확하게 묘사하는 것이 특징인데 시간이 흐르면서 점차 화려해졌다. 주화에 새겨진 왕관은 부조에 새겨진 왕을 판별할 수 있게 해 준다.

중국에서 출토된 사산조 페르시아 은화를 보면, 샤푸르 2세부터 야즈데게르드 3세까지 다양하며, 페로즈의 은화가 압도적으로 많다. 4세기에는 주로 신강성 고창에 집중되며, 5세기에는 하북성, 하남성, 청해성, 섬서성 등에서도 확인된다. 하북성 정현에서는 야즈데게르드 2세(438~457년)의 은화가 출토되었고, 5세기 후반에는 하남, 청해 등으로 확대되었다. 페로즈 은화는 유명한 칠관화가 출토된 영하 고원의 북위 고분을 비롯하여 하남 낙양, 청해 서녕 등 중국 내지에서 많이 발견되었다. 이 시기 에프탈이 사산과 밀접한 관계를 맺은 것이 반영된 듯하다.

한편, 페로즈 은화는 그의 재위기인 5세기 고분뿐 아니라 6~7세기 고분에서도 다수 출토되어 시기와 상관없이 부장되었음을 알 수 있다. 또한 호스로 2세(590~628년) 은화 1,300점 이상이 신강성을 중심으로 발견된 것도 주목된다. 호스로 2세는 사산조의 후기 부조로 유명한 타크 보스탄 대석굴의 주인공이다. 석굴 후벽 상단의 아후라 마즈다와 아나히타 여신에게서 왕권을 받는 서임도와 하단의 기마인물도, 그리고 석굴 좌우벽의 대규모 수렵도가 유명하다. 중국에서 사산 은화가 대량으로 발견된 것은 에프탈을 통해서든 사산의 직접적인 왕래에 의해서든 5세기 후반과 6세기 말~7세기 초 사산조 페르시아와 중국 및 중앙아시아의 활발한 교류가 있었음을 말해 준다.

사산조의 부조는 사산조 통치 기간에 약 30점 정도 조성되어 미술양식의 발달 양상을 보여 주며 당시의 정치, 사회, 종교 등을 반영한 중요한 자료가 되고 있다. 이들은 피루자바드에 2점, 비샤푸르 탕게 초간에 6점(3~4세기, 샤푸르 1세·바흐람 1세·바흐람 2세·샤푸르 2세), 페르세폴리스 북서쪽의 낙쉐 로스탐에 8점(3~4세기, 아

그림 26 낙쉐 로스탐의 아르다시르1세의 제왕서임도 부조

르다시르 1세·샤푸르 2세), 케르만샤 타크 보스탄에 3점(4세기·6~7세기, 호스로 2세·샤푸르 2세·샤푸르 3세·아르다시르2세), 페르세폴리스 북쪽의 낙쉐 라잡에 4점(3세기, 아르다시르 왕·샤푸르1세)이 있다.

　부조의 주제는 제왕서임도, 전승기념도, 알현도, 전투도 등이며(〈그림 26〉), 왕이 신에게서 왕권을 받는 장면을 묘사하여 권위를 높이는 목적으로 제작되었다. 사산조 초기의 세속적·종교적 권위와 밀접한 관계가 있음을 잘 보여 준다. 4세기 말~6세기 말에는 부조가 제작되지 않았는데 아마도 왕조가 안정되면서 정치적으로 더는 필요하지 않게 된 것으로 보인다.

　샤푸르 2세(309~379년)의 재위 후반부터 시작되는 사산조의

그림 27 왕이 수렵하는 모습을 묘사한 사산조 은기

후반부에는 새로운 왕조 미술로서 왕의 권위를 보여 주는 수단으로 왕이 수렵하는 모습을 묘사한 은기가 제작된다. 은기에 표현된 이미지들은 정형화되었으며, 수 세기 동안 양식이나 형식은 크게 변하지 않았다(〈그림 27〉). 다만 도상과 도안에 세부 변화만 나타나는데, 말을 탄 왕과 사냥하는 동물들로 구성된 형식에서 다양한 종류의 동물들이 배열된 보다 복잡한 형식으로 변화했다. 흥미로운 점은 사산조의 은기와 동시기에 이를 모방한 작품들이 인접한 나라들에서 유행했다. 모방한 작품들은 세부 도안과 양식에서 사산조와 차이가 나며 또한 비(非)사산조 왕관 등을 사용하여 진품과 구별된다.

3. 중국으로 유입된 쿠샨·에프탈·소그드 미술

1) 중국에서 발견된 쿠샨 미술

고구려 초·중기 고분벽화가 축조되는 4~5세기경 외래문화 전파 경로를 파악하는 데는 중국에서 발견된 여러 유적과 유물, 문헌 등이 중요한 자료이다. 그중에서 쿠샨 미술은 고구려와 중국 고분벽화의 유라시아문화 요소의 연원을 거슬러 올라갈 때 연관 사례를 찾아볼 수 있는 중요한 자료이다. 고구려와 북위 고분벽화의 유라시아문화 요소와 연관된 위진시기의 미란 사원지 벽화, 누란 고성 벽화묘, 영반 고묘 등이 모두 쿠샨 월지와 연결된다. 다음에서는 현재 중국에서 발견된 쿠샨 미술을 살펴봄으로써 고구려로 유입되는 유라시아문화 전파로를 복원한다.

　대월지 쿠샨에 의해 1~3세기 중앙아시아 남부와 북부 인도가 통일되면서 중앙아시아의 상업체계와 교역망이 조직되었다. 한편 2세기 중엽에 쿠샨제국에서 내란이 발생하여 수천의 대월지가 동방으로 유망(流亡)하여 지금의 신강성 실크로드 남로의 선선에 정착하였다. 타림분지에서 카로슈티(kharosthi, 佉盧文) 문서의 유행이나 누란에서 출토된 위진시기 목간에 나타난 대월지 사병의 기록, 호탄에서 출토된 쿠샨 주화 등은 신강 지역에서 쿠샨의 활동을 보여 준다.

　신강성 누란의 영반묘지(3세기 초)는 누란 고성에서 동쪽으로 200km 떨어진 곳에 있다. 1995년 발굴된 영반 15호묘는 쿠샨의 묘제인 편동실묘로서 사방연속장식문양이 그려진 목관 안에서 금박 머리띠를 두르고, 백색 가면을 쓰고, 독특한 장식의 적색 두루마기를 입은 묘주가 발견되었다. 묘주가 입은 옷은 창과 방패를 들고 싸우는 그리스·로마 계통의 인물들과 황소·염소의 대칭 도안이 석류나무를 경계로 장식되었다(〈그림 28〉, 〈그림 29〉). 인골 특징으로 보아 묘주는 유럽 인종과 유사하며, 3세기경 타림분지로 유망한 쿠샨 대월지인으로 추정된다.

　호탄 인근의 낙포 산보랍 1호 묘지의 2호묘에서 출토된 벽걸이 직물에는 머리에 띠를 두른 심목고비 인물이 창을 들고 있으며, 그 위에는 그리스 신화의 켄타우로스가 긴 창을 든 모습이 나

그림 28 신강성 누란의 영반 15호묘에서 발견된 묘주. 묘주가 입은 옷은 <그림 29>의 도안
그림 29 창과 방패를 들고 싸우는 그리스·로마 계통 인물들과 황소·염소가 대칭으로 있는 도안

타난다(<그림 30>). 이 직물 역시 오아시스로 남도로 유통된 그레
코-박트리아와 페르시아의 문화의 예라 볼 수 있다.

누란 고성에서 출토된 인면격직모피(人面緙織毛皮)에서 얼굴
반쪽만 남은 인물은 크게 뜬 눈, 굳게 다문 입, 얼굴을 음영 처리
한 기법 등이 미란 불교 사원지 벽화의 인물상과 유사하다. 두 마
리 뱀이 서로 얽혀 지팡이 끝을 장식한 헤르메스의 지팡이와 유
사한 세부 부분으로 인하여 헤르메스 도상으로 여겨지나 확실

그림 30 낙포 산보랍 1호 묘지의 2호묘에서
출토된 벽걸이 직물

하지는 않다.

　누란에서 출토된 직물에 그려진 이국적인 인물상들은 누란
고성 주거지에서 출토된 100년경의 쿠샨 왕 비마 카드피세스의
동화(銅貨)와 함께 2세기 후반 내지 3세기 전반 쿠샨 왕조의 이민
집단이 누란에 거주하였음을 보여 준다.

　러시아 에르미타주박물관 니콜레이 페트로스키(Nikolay

그림 31 호탄에서 발견된 1~3세기의 쿠샨 주화로 만든 목걸이

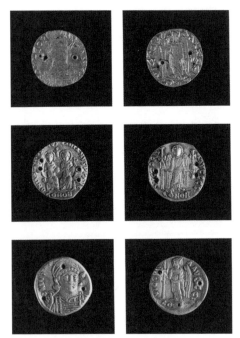

그림 32 서안의 전홍묘에서 발견된 비잔틴 금화

그림 33 낙양에서 발견된 동한의 카로슈티 정란석

Petrosky) 컬렉션 가운데 호탄에서 발견된 1~3세기의 쿠샨 주화로 만든 목걸이가 있다(〈그림 31〉). 외국계 주화를 목걸이와 같은 장신구로 만드는 풍습은 영하고원 남교수당묘지의 소그드계 고분들이나 섬서 서안의 전홍묘, 몽골 바얀누르의 벽화묘에서도 확인된다(〈그림 32〉).

쿠샨인과 쿠샨 문화의 유입은 동한의 수도인 낙양에서도 확인된다. 동쪽으로 유망한 대월지인 수백 명이 동한 영제 연간에 낙양으로 대거 유입되면서 쿠샨 문화가 낙양까지 전래하였다. 『후한서(後漢書)』「오행지(五行志)」에는 '영제는 호인의 복장, 휘장, 침대, 좌석, 음식 등을 좋아했다'라고 기록되었다. 환·영제(桓·靈帝) 시기의 낙양에 대월지인이 건립한 불사도 있었다. 낙양에서 발견된 동한의 카로슈티 정란석(井闌石, 북경대학 새클러박물관 소장)에는 낙양에 도착한 대월지 승려집단이 낙양에 불사를 세운 사실이 적혀 있다(〈그림 33〉). 위진시기에 불경 역경으로 유명한 지겸(支謙)도 대월지인이다.

1979년 섬서성 서안 석불사촌(石佛寺村)에서 발견된 푸스타카 비디야라마를 위한 금동불좌상은 간다라에서 전해진 불상을 모본으로 4세기에 조성된 것으로 중국에서 출토된 불상 가운데 유일하게 카로슈티 명문이 있다. 대좌 뒤쪽에 '치타카 사트베나가 마레가의 후손인 푸스타카 비디야라마를 기리기 위해 이 부처를 조성하였다'는 명문이 있다. 마레가는 월지의 일족으로 2~4세기 니야 지역 명문에도 등장하여 명문 속 인물들이 니야 출신이라고 추정한다.

낙양에서 발견된 쿠샨인의 묘로는 하남성 언사 망산(邙山)에서 발견된 지백희묘(支伯姬墓, 영강 원년永康 元年, 300년)가 있다. 명문전에 의하면 묘주인 지백희는 안식인(安息人)인 안문명(安文明)의 처이자 대월지인의 후예이다. 지백희묘와 같은 장방형 수정(竪井)묘도의 단실토동묘는 낙양지구의 서진묘 가운데에서는 아주 드물다. 지백희묘와 같은 편동실묘는 외래인들이 낙양에 세운 묘 형식으로 신강성 타림분지에서 발견되는 대월지와 연관된다.

신강성 누란 고성의 벽화묘는 남향의 전후 2실로 구성되었으며, 사파묘도를 갖고 있다. 전실 문 우측 벽면에는 무릎을 꿇고

그림 34 신강성 누란 고성의 벽화묘

무언가를 공양하는 인물과 적색 가사를 입고 가부좌를 튼 승려가 있다. 묘실 문 좌측 벽면에는 흑색으로 그린 뿔 달린 소 또는 독각수상이 있다. 전실 중앙에는 사각형의 얕은 기단 위에 원형 기둥을 올리고 연화문을 그렸다(〈그림 34〉).

그리고 적색 또는 회색으로 원을 그리고 가운데에 바큇살을 돌린 듯한 연화문이 여러 개 장식되어 있다. 내부의 방사선은 불교의 법륜을 표현한 것과 유사하나 바큇살처럼 연화문 안을 장식한 것은 신강성 투루판에서 출토된 복희여와도의 일월상과도 흡사하다. 투루판의 복희여와도는 중국의 전통적인 복희여와도의 일월상이 아닌 원형 내부에 방사선을 채운 일월상과 상하수직구도 배치가 특징인데 출현 배경으로 소그드계 상인들과 그들이 들여온 조로아스터교를 들 수 있다. 키질의 쿠차석굴 천상도의 일상, 투루판 복희여와도의 일상 등에 페르시아의 국교인 조로아스터교의 광명 개념 등이 반영된 것이다. 투루판 복희여와도에서 일상이 화면 상부에 자리 잡은 것도 태양숭배를 표현한 것으로 추정된다. 투루판 복희여와도는 중국 문화의 수용 및 중앙아시아 문화와 종교가 내재되어 새로운 도상으로 재창조된 것이다. 전실 기둥과 그에 새겨진 장식은 쿠샨 왕국 시기에 세운 테르메즈의 파야즈 테페와 카라 테페의 원형 스투파에 그려진 바큇살 모양의 연화문 장식과도 유사하다.

전실 동벽에는 여섯 명의 연회도가 있다. 풍성하게 표현된 복식, 잔을 든 형태, 하반신이 잘린 묘사 등이 우즈베키스탄 발라릭 테페 벽화의 연회도와 흡사하다.

전실 서벽에는 낙타 두 마리와 두 명의 인물이 있는데 회색 낙타가 적색 낙타의 뒷다리를 꽉 무는 모습이 스키타이, 흉노 그리고 아케메네스 페르시아의 동물투쟁상을 연상시킨다. 이러한 동물투쟁상은 6세기 섬서성 서안 안가묘와 산서성 태원 우홍묘의 소그드계 석각에 다시 출현한다. 양측에 선 두 명의 인물은 검은색 장화를 신고, 무릎까지 내려오는 흰색의 긴 두루마기형 상의를 입고, 상의의 밑은 적색으로 단을 둘렀다.

후실 사면은 전실 중심주에 그려진 것과 같은 연화문이 벽면에 불규칙하게 그려졌다. 전실의 스투파 형태의 기둥과 후실의 사면 벽에 그려진 바큇살 형태의 연화문은 불교의 법륜이면서 동시에 조로아스터교의 일상 숭배가 결합한 것이다. 인도 미술과 이란 미술이 중국에 전파되는 경로에 있는 아프가니스탄 하이박의 탁트이 루스탐 1굴(4~5세기)에도 천장이 연화문으로 가득 장식되었다. 고구려 고분벽화에도 연화문만으로 묘실 사면 벽이 장식된 사례가 있는데, 비록 연화 형태는 같지 않지만 장천 1호분에 간다라 양식의 불상이 출현하는 5세기경에 이러한 순수장식문양 고분이 출현하는 것을 보면 그 배경에 서아시아와 중앙아시아의 연화문 배치 형태가 자극을 주지 않았을까 생각된다.

이상으로 누란고성 벽화묘의 벽화에 출현하는 인물들의 복식과 연음도, 동물투쟁도, 스투파 형태의 중심주, 연화문 등에서 묘주가 발라릭 테페, 파야즈 테페, 카라 테페 등과 같은 쿠샨 문화권에서 온 중앙아시아인임을 알 수 있다. 이로써 후에 등장할 북조 서역계 석각을 예시하면서, 이미 6~7세기 이전에 쿠샨·소그드계 미술과 문화가 중국 신강 지역에 깊숙이 전해졌음을 확인할 수 있다.

그림 35 감숙성 고태현 나성향 하서촌의 지경파 4호묘 벽화

최근에 발견된 감숙성 고태현(高台縣) 나성향(羅城鄉) 하서촌(河西村)의 지경파(地埂坡) 4호묘는 서향의 쌍실토동묘(雙室土洞墓)로 전실 동벽 문 상부 좌측에 두 명의 남자가 짧은 옷을 입고, 맨발로 걸으면서 앞선 사람이 북을 들고 뒤에 선 사람이 북채를 들고 북을 치는 모습이 묘사되었다. 우측에는 두 명의 남자가 각저희 자세와 유사하게 두 팔과 다리를 벌리고서 대무를 하고 있다. 연락 장면으로 보이는데 인물들의 복식과 머리 모양이 한족과 다르다.

묘실 전실의 북벽은 두꺼운 먹선으로 지붕과 기둥, 들보를 그린 가옥이 있고, 그 안에 네 명의 인물이 둘씩 짝을 이루어 대좌

하고 있다. 좌측의 인물들은 마니교도와 흡사한 백색 모자를 쓰고 있고, 큰 눈에 곱슬머리, 팔자수염과 턱수염이 있으며, 단령의 흰옷을 입고 있다(〈그림 35〉). 우측의 두 인물은 색을 사용하지 않고 선묘로만 묘사하였는데 복식이나 얼굴 형태, 들고 있는 칠기 등이 한족으로 보인다. 묘실 입구 벽 상단에 묘사된 비한족 계통의 인물들이 가무와 주악을 담당하고, 묘주의 연회도 자리에 서역인과 한족이 나란히 묘사된 것이 주목된다.

신강성과 감숙성에 이미 3세기경부터 쿠샨과 소그드인의 거주지가 있었으며, 쿠샨과 소그드 상인들의 활동이 소그드 지역과 소통한 편지들을 통해 확인되는 점을 고려하면 지경파 벽화고분의 묘주는 고태 지역에 거주하던 쿠샨이나 소그드계 인물로서 고분벽화라는 형식을 사용하여 출신 문화를 표현한 듯하며, 고태 고분벽화를 통해 3~4세기에 이 지역의 동서 교류상을 관찰할 수 있다.

2) 중국에서 발견된 에프탈 미술

『북사(北史)』「대월지국전」에 의하면 '북위 세조(世祖) 때 그 나라 사람이 장사하러 경사에 왔는데, 자기가 돌을 녹여서 능히 오색 유리를 만들 수 있다고 말했다. 그래서 산속에서 광석을 채취

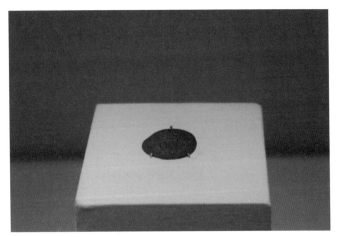

그림 36 하북 정현 북위 석탑의 석함에서 출토된 페르시아 은화

하여 경사에서 그것을 녹였는데, 다 만들고 나니 광택은 서방에서 갖고 온 것보다 더 아름다웠다. 이에 조칙을 내려 (그것으로) 행전(行殿)을 만들라고 하니, 100여 명을 수용할 수 있었다. 광채와 색깔이 영롱하고 투명하여 그것을 보고 놀라지 않는 사람이 없었으니, 신령스러운 사람[神明]이 만든 것이라고 여겼다. 그 뒤로 중원에서 유리는 마침내 흔하게 되었고, 사람들은 그것을 더는 진기하게 여기지 않게 되었다'고 한다.

이 기사는 483년에 월지인이 북위 도성에서 투명 유리기를 정현탑(定縣塔)에 제작한 내용이다. 그런데 북위 태화 5년(481년) 효문제의 명으로 세워진 정현탑 기단의 석함에서 7점의 유리기와 에프탈 동전이 나왔다(〈그림 36〉). 이에 따라『북사』「서역전」에 중앙아시아 박트리아에 살던 에프탈인을 한대부터 알려진 대월지인으로 잘못 기재한 것으로 밝혀졌다. 이로써 이 기사는 5세기에 에프탈인이 중국에 와서 불기기법으로 투명유리를 제작한 것으로 보아야 한다.

에프탈은 456년부터 중국에 사신을 보냈다는 기록이 있고, 쿠산·에프탈·사산계 금속 장신구와 용기가 북위의 수도인 평성, 지금의 산서성 대동에서 여러 점 발견되어 에프탈과 북위의 교류를 확인할 수 있다. 2011년 대동시 항안가(恒安街) 남측에 북위시기의 11DHAM 13호묘(약 460년)에서 쿠산의 틸랴 테페 2호묘에서 출토된 것과 유사한 금이식(金耳飾)이 발견되었다. 이 묘는 남향의 장사파묘도도편실토동묘(長斜坡墓道偏室土洞墓)이며, 연대는 부장품 등의 성격으로 보아 운강석굴 개착 후인 약 460년 후로 편년된다. 시기적으로 쿠산보다는 에프탈과의 교류로 전해져 부장된 것으로 보인다.

산서성 대동의 북위시기 유적과 묘장에서 여러 점의 유라시아 금속용기들이 발견되었다. 1970년 대동 축승창(軸承廠) 북측 평성 유적에서 해수문팔곡배(海獸紋八曲杯)·도금고족동배 3점·도금 은완(銀碗) 1점, 1981년 대동 봉화돌묘[封和突墓, 경명 2년(501년)]에서 수렵문 은반(銀盤) 1점·은이배(銀耳杯) 1점·고족은배 1점, 1988년 대동 남교 북위묘군 107호묘에서 도금은완(鍍金銀碗)·

그림 37 평성유지 출토
포도동자문 고족배

그림 38 대동 남교 북위묘군 107호묘 출토 도금은완

소면은관(素面銀罐)·유리완, 109호묘에서 도금고족은배(鍍金高足銀杯)·소면은완(素面銀椀) 등이 출토되었다(〈그림 37〉, 〈그림 38〉).

이 금속용기들은 기형이나 장식이 그리스·로마 미술에 연원을 두고 있으며, 세부 특징을 보면 박트리아 지역에서 사산조 페르시아 시대 또는 에프탈 시대에 제작한 것으로 추정된다. 포도동자문은 로마 말기의 포도 수확 장식과 유사하며, 주신(酒神)인 디오니소스 신앙에 기원을 두고 있다. 장식된 인물 가운데 양을 탄 동자는 디오니소스의 시종이다. 포도 동자와 아칸사스문이 함께 장식된 헬레니즘과 로마 혼합 양식은 중앙아시아와 박트리아의 4세기 말 금속기 특징을 담고 있다. 5세기에 북위 수도에 거주한 유라시아 계통의 승려, 이주자, 상인 등이 이것들을 가져왔을 가능성이 크다.

산서성 대동의 평성 유지에서 출토된 해수문팔곡은배는 사

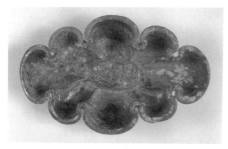

그림 39 평성 유지 출토
해수문팔곡은배

산조에 기형 연원을 두고 있다(〈그림 39〉). 은기 내부 중앙의 타원형 안에 특이한 수파문과 해수와 호랑이가 투쟁을 벌이는 도안은 5세기 인도 굽타 미술에서 보이는 것이다. 이러한 양식의 융합은 간다라와 박트리아 미술의 특징이다. 배의 외측에는 박트리아 문자로 킨구라(Khingula)라는 명문이 새겨져 있는데, 아마도 5세기 중엽에서 말경 쿠샨인들과 박트리아인들이 거주하던 지역을 다스린 에프탈 왕의 이름으로 추정된다. 에프탈은 5세기 후반 간다라와 소그디아나를 정복하고 서역으로 진출하였으며, 북위에 입공하였다. 사산조 기형에 인도 미술 도안과 에프탈

왕의 명문을 가진 해수문팔곡은배는 5세기경 중국과 박트리아, 쿠샨과 인도 굽타, 그리고 에프탈과의 복잡한 교류관계를 반영하고 있다.

3) 중국에서 발견된 소그드 미술

중국에서는 2000년 전후로 신강성·감숙성·산서성·섬서성 지역에서 소그드 계통의 석각 미술이 잇따라 발견되면서 소그드 미술에 대한 관심이 높아졌다. 1992년 감숙성 천수에서 소그드계 석병풍이 발견되고, 2000년 산서성 태원의 우홍묘와 섬서성 서안의 안가묘에서 소그드계 묘주의 석곽과 석병풍이 발견되었다. 2003년에는 섬서성 서안의 사군묘에서 소그드어와 중국어 명문이 새겨진 석당이 새로이 나왔다. 이 신출 자료들로 인해 소그드 미술의 도상 연구, 사산 미술과의 양식 관계, 조로아스터교의 제의 표현, 중국 고분미술 안에서 한화(漢化) 등이 많은 관심을 받았다. 벽화와 조각만이 아니라 사산조 은화와 비잔틴 금화, 외래계 장신구 등 유물들도 출토되었다.

중국으로 이주한 소그드인들이 중국 고분미술 주문자 및 후원자로 등장하는 것은 6세기 후반으로 섬서성 서안과 태원 근교 고분들에 나타난다. 섬서성 서안의 북주 사군묘 석당(579년), 섬

그림 40 하남성 안양에서 출토된 북제 병풍형 화상석

서성 서안의 북주 안가묘 병풍식 석탑(579년), 산서성 태원의 우홍묘 석곽(592년), 감숙성 천수의 석탑, 산동성 청주의 부가장 북제 화상석(573년), 일본 미호박물관의 석궐과 석병풍, 전 하남성 안양 출토 북제 석궐과 석병풍 등이 있다.

1971년 산동성 청주 부가장에서 발견된 화상석(573년)은 모두 9개의 석판으로 구성되어 있다. 무덤 주인은 한족이나 화상석의 주제가 우홍 석곽과 유사하여 한족이 소그드족 고분미술의 모티브를 채용한 것으로 본다. 묘주와 호인과의 상담(商談) 장면을 묘사하는 등 중앙아시아와 교역을 했던 묘주의 생활상을 반영하고 있다. 화상석 중 다섯 개의 석판 상단에 묘사된 리본 달린 새는 서역적인 모티프로서 고구려 천왕지신총 천장의 것과 산동성 기남화상석묘의 것과 유사하다.

전 하남성 안양에서 출토된 북제 쌍궐과 병풍형 화상석은 북제, 북주시대 소그드계 석곽과 석탑 중에서 가장 이르게 알려진 것(〈그림 40〉)으로 북제 소그드족 장인의 작품으로 여겨진다. 일본 미호박물관이 소장한 화상석은 모두 11장의 석판으로 구성되어 있으며, 제작 시기는 6세기 후반이나 7세기 초로 여겨진다. 미호박물관 소장품은 묘주와 부인의 연회도에서도 두드러지듯이 서역계와 한계 문화 요소가 대칭되어 배치된 것이 특징이며, 소그드계 여신인 나나(Nana)가 직접적으로 묘사되었다.

소그드계 석각 가운데 그레코-이란 계통의 주제와 표현이 두

그림 41 사군묘 수렵도

드러진 것은 안가, 사군, 우홍 묘의 부조이다(〈그림 41〉, 〈그림 42〉). 감숙성 무위 출신의 소그드 귀족인 안가는 서안에 정착하여 서역계 이주민들을 관리하는 살보 직책을 맡았고, 579년 사망하였다. 안가묘 화상석, 우홍묘 화상석, 일본 미호박물관 소장 화

그림 42 서안 북조 안가묘 기마인물 회맹도

상석 등에는 소그드인과 장발의 돌궐인이 연회를 갖거나 같이 수렵하는 장면이 묘사되어 실크로드를 통한 소그드인과 돌궐인의 활발한 교류를 반영하고 있다.

2003년 발견된 사군묘(579년)의 묘주는 감숙성 양주 지역의 살보로 중앙아시아에서 중국으로 온 이주민들을 담당했다. 그의 조부와 아버지 역시 북주와 수당에서 소그드 이주민들을 관리하던 살보였다. 사군묘의 화상석은 포도나무 아래에서 벌이는 연회, 조로아스터교의 제의, 수렵 등 소그드 문화를 강하게 보여 주어 6세기 중국 북부에 거주한 소그드 집단의 생활풍속과 종교제의를 보여 준다.

사군묘 석곽 정면에는 파담(마스크)을 쓴 조로아스터교 사제의 배화 장면이 있다. 사마르칸트 몰랄리쿠르간(Mollali-kurgan)에서 출토된 납골기(6~7세기, 사마르칸트 역사건축예술박물관 소장)는 배화단(拜火檀)과 사제가 묘사된 것으로 잘 알려져 있다. 기둥과 아치로 공간을 삼등분하고, 가운데는 불을 모시는 제단을, 왼쪽과 오른쪽에는 파담을 쓴 채 제단으로 향하는 인물을 배치했다. 이들은 모두 손에 막대기처럼 생긴 물건을 들고 있는데, 이는 조로아스터교의 의식구(儀式具) 중 하나인 바르솜(barsom)으로, 나뭇가지로 만든 성스러운 지팡이다.

2000년 7월 산서성 태원에서 발견된 수대의 우홍묘(592년)는 단실 벽돌무덤으로 채색과 금박이 입혀진 53개의 석각 판석으로 구성된 석곽이 발견되었다. 묘지명에 의하면 묘주는 592년에 59세의 나이로 사망한 어국(魚國) 위흘린성(尉紇驎城) 태생의 인물로 535년 출생하였으며, 유연 왕에 의해 페르시아, 토욕혼, 간다라, 북제 등에 사절로 파견되었다. 후에 북제·북주·수의 관리로서 활동하였다. 북주에서는 검교살보부(檢校薩宝府)를 맡아 조로아스터교 사원과 중국에 온 서역인들을 관리하는 업무를 담당하였다.

유연·페르시아·간다라 지역을 오간 사신 출신의 우홍이 주문 제작한 석각에는 6세기 말에 이르러 종합된 유라시아문화의 풍부한 도상이 담겨 있다. 각 도상의 연원을 찾아보면 기마 인물들의 회맹도는 사산 부조의 왕권신수도, 수렵도는 파르티아 미술, 전투도와 수렵도는 사산 부조, 동물투쟁도는 아케메네스·사산·스키타이-흉노계의 동물투쟁도, 일월 장식은 페르시아 애묘 입구의 일월상과 사산조 왕관의 도상, 나나 여신은 조로아스터교의 신상에서 온 것이며, 동물 두상과 연주문의 결합도 사산조 장식문의 특징이다. 리본 달린 새인 길상조는 경교의 센무르브(Senmurv)이며, 페르시아 길상조 도안이 중국에 유입된 예이다.

IV

유라시아로부터 오다

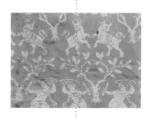

　고구려 고분벽화의 외래문화 요소는 3대 주제인 인물·생활 풍속, 장식문양, 사신 등에 모두 표현되며, 357년의 안악3호분부터 시작하여 5세기경의 고분들에 집중적으로 출현한다. 고구려 벽화문화의 형성과 발전에 중요한 비교 자료로 활용될 수 있는 것은 3~7세기 중국 북방의 벽화와 부조 및 유물들이다. 같은 시기 중국에 고분을 만든 소그드인과 같은 중앙아시아계 묘주들, 그 중간에 위치한 북방유목민의 이동으로 전래한 서역계 금은기, 주화 및 유리기는 실제 교류를 증명하는 중요한 근거이다.

　중국 고분들 가운데 고구려의 유라시아문화 요소와 비교되는 것들은 주로 위진부터 수당대까지 신강성, 감숙성, 섬서성, 영하성, 내몽골, 산서성 등 북방지역을 따라 세워졌다. 다음에서는 고구려와 중국 고분벽화에서 유라시아문화와 연관 지어 볼 수 있는 요소들을 묘주 관련 주제, 종교 관련 주제, 각종 장식문양, 건축 구조 등으로 나누어 살펴보겠다.

1. 인물 표현에 보이는 유라시아

인물·생활풍속 주제에서 외래문화 요소가 출현하는 것은 묘주도, 연회도, 백희기악도, 행렬도, 수렵도, 씨름도 등 다양하다. 6세기 이후에는 사신도가 강조되고 인물화가 감소해 인물 표현에서 찾아볼 수 있는 외래문화 요소는 점차 사라지게 되었다.

고분벽화의 묘주 관련 주제에서 외래계 문화는 어떻게 표출될까?

고분을 세운 묘주가 외래 출신인 경우와 출신에 관계없이 외래계 인물과 풍속이 벽화로 표현되는 경우로 나눌 수 있다. 묘주가 고구려나 중국으로 들어온 외래인인 경우 묘주 초상, 연회, 행렬, 수렵, 제의 장면 등에서 외래계 문화가 강하게 표현된다. 또한 묘주가 중앙아시아 출신이 아니더라도 당시 외래문화에 대한 관심과 외국과의 직간접적 교류를 배경으로 전통 장의미술 주제와 도상에 외래계 문화가 결합하여 변용된다. 변용 정도는 시기별·지역별로 차이가 있다. 중국 위진남북조시대는 중앙 아시아계인들이 다수 유입되면서 한대에 정형화된 도상으로 표현되던 호인상(胡人像)이 보다 현실적으로 변모한다. 이 시기 호인은 묘주와 함께 연회도, 접객도, 행렬도, 백희기악도 등에 묘사되어 이들의 활동이나 직업을 유추할 수 있다.

고구려 고분벽화의 유라시아적 요소는 묘주나 곡예인, 마부 등 실제 외래계 인물의 유입 가능성과 도상 전파를 통한 유라시 아계 미술문화의 유입으로 나누어 볼 수 있다. 유라시아계 인물 표현이나 유라시아문화적 요소가 고구려에 유입되어 적용되는 데에는 도상 전파를 가져오는 모본 전래가 중요한 역할을 했을 것으로 생각된다.

현재 묘주의 국적 문제에 이견이 있으나 학계의 일반적인 인 식을 따르면 안악3호분과 덕흥리벽화분은 묘주가 외래인이다. 이런 배경으로 안악3호분과 덕흥리벽화분에는 묘주가 속했던 문화의 특징인 한계(漢系) 또는 중원계 요소들이 잘 드러난다. 이 요소들은 산동성과 강소성의 화상석사당과 화상석묘, 하북성 과 요녕성의 벽화묘의 장의건축 미술문화에 잘 나타난다.

다음으로는 인물 형상을 단순히 표현한 것에서 종교(관념)가 외래에서 유입되면서 종교 도상이 차용된 경우, 또는 묘주의 삶 속에서 이루어진 종교 행위가 표현된 경우이다. 묘주의 불상 경 배도(장천1호분)와 공양도(쌍영총, 오회분 4호묘)가 대표적이다. 또한 장천1호분의 부처와 보살, 비천, 삼실총의 비천, 강서대묘의 비천도 인도에서 기원하여, 서역과 중국을 통하여 전래된 불교 도상이다.

마지막으로는 외래 기물이 묘주의 일상에 사용되어 벽화에 표현된 것으로 안악3호분의 유리기와 무용총의 호상(胡床) 등이 있다. 장식문양도 대다수가 중국과 서역의 미술에서 연관성을 찾을 수 있다.

1) 묘주의 정면 초상

안악3호분 묘주의 정면 초상은 그 연원이 한대 고분미술의 정면 초상 도상을 따르고 있어 외래계 도상 전파를 볼 수 있다(《그림 43》). 한대의 벽화묘와 화상석묘, 화상석사당 가운데 신망시기의 하남성 낙양 신안의 철탑산 벽화분에 고졸한 형태로 그려진 묘주의 초상은 동한의 하북성 안평의 녹가장 벽화묘로 이어졌으며, 안악3호분과 거의 유사한 형태이다. 하남과 하북의 정면 초상은 위진대에 동북쪽으로 퍼져 하북성 북경 석경산구 팔각촌의 위진시기 석곽벽화묘와 요녕성 요양의 상왕가촌 벽화묘와 요녕성 조양의 원대자촌 벽화묘에 등장하여 하북-요녕으로 이어지는 전파 경로를 파악할 수 있다. 또한 안악3호분 묘주도

그림 43 안악3호분 묘주의 정면 초상

는 고구려 벽화 초기의 묘주도로서, 북위 평성시기 벽화묘의 묘
주 정면 초상의 연원으로서 중요한 의의를 지닌다.

안악3호분에 적용된 모본 또는 범본은 회화나 건축 등 여러
방면으로 영향을 받아 형성된 것이다. 건축형식은 산동성 화상
석묘를 따르고 있는데, 이 지역은 벽화묘보다는 화상석묘와 사
당이 발달했다. 따라서 이 지역의 건축형식이 전파되면서 화상
석에 등장하는 인물의 풍성한 복식 형태, 묘주와 묘주 부인의 정
형화되고 절제된 초상형식, 대규모 거마행렬 등 화상석 제작방
식과 범본 역시 같이 전래하였을 가능성이 크다.

한편, 안악3호분 묘주의 정면 초상은 온전히 한계 문화의 산물로만 볼 수 없다. 묘주가 앉은 장방 위의 연화문은 불교미술의 상징으로서 고구려에 불교가 공식적으로 유입되기 이전의 불교적 상징으로 여겨진다. 정면상은 한대에 전래한 부처상에서도 보이며, 안악3호분 묘주의 주미와 삼족빙궤를 갖춘 도상은 불교의 유마거사상에서도 연원을 찾을 수 있다. 따라서 안악3호분 묘주의 초상은 불교적 요소의 유입 사례로도 볼 수 있다.

인도 불교미술의 기원이라고 할 수 있는 쿠샨 미술의 왕의 정면 초상 조각도 있다. 마투라박물관이 소장한 쿠샨의 비마 카드피세스 왕 좌상(1세기)은 사자를 양옆에 거느리고 왕좌에 정면으로 앉은 초상 조각이다. 카니슈카 왕의 입상은 마트(Mat)에서 발견된 것으로 긴 외투에 장화, 장검을 차고 당당히 서 있다. 이러한 쿠샨과 이란계 왕공귀족 초상형식은 종교적 신상에도 투영되었는데, 칸카리 틸라(kankali Tila, 마투라)에서 출토된 수리야, 즉 태양신 조각상도 쿠샨 미술의 초상 조각 형식을 잘 보여 준다. 쿠샨과 사산의 영향을 받은 에프탈 귀족의 정면 초상은 바미안 북쪽의 두크타리 누르시반(Duktar-i-Nurshirvan)의 마애감에 새겨진 인물상으로 칼을 들고 두 마리 말이 받치는 권좌에 앉아 있으며, 바미안 석굴벽화의 영향을 보여 준다.

정면 초상은 시기와 지역을 거치며 새로운 문화의 흐름에 조응하면서 세부적 변형을 이룬다. 북경 석경산 팔각촌의 위진시

그림 44 북경 석경산 팔각촌의 위진시기 벽화묘의 묘주 초상

기 벽화묘의 묘주 초상은 정면 묘주상의 전형이지만 묘주상이 그려진 석곽 입구 상단에 그려진 귀면문은 당시 서역에서 전래한 조로아스터교라는 외래 종교의 영향을 나타낸다(〈그림 44〉).

감신총 전실 동감의 묘주 초상도 안악3호분과 유사한 정면 초상이다. 감신총 전실 서감의 인물상은 동감의 묘주와 마주 보고 앉아 있는데, 풍성한 적색 의복을 입고 역삼각형의 병풍 앞에 앉아 손을 위로 올리고 있는 독특한 모습이다(〈그림 45〉). 감신총 전실 서감의 인물은 손 모양이나 복식으로 보아 쿠샨·소그드·에프탈 계통의 연회도 인물을 연상시킨다. 감신총의 신상형 인물

그림 45 감신총 전실 서감의 인물상

상은 주로 감숙성과 연관된 인물이거나 혹은 이 지역과 직접 교류한 인물의 무덤으로 보기도 한다. 감신총 서감 인물상에 보이는 역삼각형 병풍은 돈황 275굴과 바미안석굴의 53m 부처상의 감의 보살상, 타지키스탄 칼라이 카흐카의 소그드 벽화에서도 관찰된다.

2) 부부 병좌상

357년의 안악3호분 다음으로 출현하는 408년의 덕흥리벽화분의 묘주 단독 초상과 부부 병좌상 형태는 과도기적 성격을 띤다.

부부 병좌상은 고구려 중기 고분벽화에 유행한 형식이면서 북위와 북제 고분벽화에서도 전형적인 묘주상으로 채용되었다. 중국의 부부 병좌상은 하남성 낙양의 주촌 벽화묘 묘주도, 신강성 투루판의 아스타나 97호묘 묘주도 등 한·위·진대부터 이미 등장한다. 북위 벽화에서는 묘실 후벽에 간단하게 그려진 가옥 안에 나란히 앉은 묘주 부부가 좌우의 시종에게 둘러싸여 시중을 받고 있다. 실제로는 부인이 그려지지 않았으나 덕흥리 벽화분(408년)의 부부 병좌상은 편년이 확실한 산서성 대동의 사령 벽화묘(435년)에 비해 축조 연도가 앞선다. 따라서 중국에서는 덕흥리벽화분을 포함한 고구려 고분벽화를 북위 고분벽화에 영향을 미친 외래요소의 하나로 본다.

고구려의 부부 병좌상은 통구12호분, 옥도리벽화분, 쌍영총, 매산리사신총 등에 나타난다. 부부 병좌상에도 시간의 흐름에 따라 유라시아계 요소가 표현된다. 매산리사신총 묘주도에는 남자 묘주와 여자 묘주가 나란히 앉아 있는데 남자 묘주의 어깨 양옆으로 화염이 표현되어 초기 간다라 불상과 같은 불교 도상의 영향이 현저하다. 쌍영총은 불교 석굴 전면의 석주와 비교되

그림 46 쌍영총 묘실 후벽 묘주부부도

는 전실과 후실 사이에 세워진 쌍기둥을 통해 불교 건축의 영향을 볼 수 있다(〈그림 46〉). 또한 묘실 후벽의 묘주도에서도 묘주 부부가 앉은 가옥 좌우에 금색과 적색을 교차 채색하여 강렬하게 표현한 쌍기둥이 있다. 이 쌍기둥 위에 세워진 계단장식도 유라시아계 건축장식과의 연관성을 보여 준다.

3) 연회도

고구려 고분벽화의 묘주는 엄격한 초상화 형식 외에도 연회와 곡예, 수렵 등을 즐기는 장면에도 종종 등장한다. 묘주가 연회도 가운데 표현된 예로는 무용총을 들 수 있다. 외국의 승려를 접대하는 무용총 묘주도는 고구려에 들어온 외국인을 직접 묘사한 것이 인상적이다. 묘주가 높은 의자에 3/4 측면 자세로 앉아 있고, 그 앞에 피부색이 검은 승려 두 명이 같은 높이의 의자에 앉아 있으며, 이들 사이에는 음식이 풍성하게 담긴 상이 차려

그림 47 외국의 승려를 접대하는 무용총 묘주도

져 있다(〈그림 47〉). 고구려인 묘주가 외국에서 온 승려를 맞는 기록적 성격의 묘주도이다. 무용총과 같이 불교 승려를 접객하는

그림 48 중국 섬서성 정변의 팔대량 1호묘 묘주접객도

그림 49 장천1호분 전실 북벽의 야외 연회도

주제는 중국 섬서성 정변의 팔대량 1호묘의 소그드계 묘주가 승려를 만나는 장면에서도 볼 수 있다(〈그림 48〉).

장천1호분 전실 북벽의 야외 연회도에는 커다란 나무 아래에 마주 앉은 묘주와 손님이 등장한다. 손님의 모습은 벽화가 탈락하여 거의 보이지 않지만 앞에 놓인 작은 탁자 위에 각배가 그려져 있어 주목된다(〈그림 49〉). 각배는 마주 앉은 손님이 외래계 인물임을 표시하거나 장천1호분 묘주가 즐긴 외래문화를 표현한 것일 수 있다. 장천1호분과 같이 각배가 사용된 접객도는 미국과 유럽의 여러 박물관에 나뉘어 소장된 하남성 안양에서 출토된 북제 석권의 연회도, 그리고 섬서성 서안의 북주 사군묘의 연회도, 일본 정창원에 소장된 비파에 그려진 연회도 등에도 보인다. 북조의 소그드 석곽과 석탑(石榻)의 연회에서는 묘주가 포도나무 아래 각배를 들고 손님들과 함께 음주가무를 즐기며, 시종들에게 둘러싸인 장면이 종종 등장한다.

중국의 고분벽화에서 외래계 인물이 출현하는 예로는 감숙성의 위진시기 지경파 4호묘와 신강성 누란 고성 벽화묘 등이 있다. 지경파 4호묘의 묘실 북벽에는 목조건축을 모방하여 흑색으로 윤곽을 그린 가옥 안에 백색 복식을 입은 외국인 두 명과 한인 두 명이 따로 대좌한 접객도가 있다. 누란 고성 벽화묘의 전실 동벽에는 6인 연회도가 있다. 인물들의 복식이나 잔을 든 모습, 하반신이 잘린 묘사 등이 쿠샨·박트리아·소그드 미술문화에 보이는 연회도와 흡사하다. 또한 신강성 미란의 3·5호 불사 벽화에 주기를 든 인물상과도 표현과 자세가 일치한다. 누란 벽화묘의 6인 연회도에서 남성의 복장, 특히 허리띠 결합방법은 페샤와르 박물관에 소장된 쿠샨 남성의 복식과 거의 같다. 이 연회도는 인물의 복식과 카로슈티 제기 분석을 결합하면 쿠샨계 인물들의 음주 장면을 표현한 것으로 볼 수 있다. 쿠샨 복식을 입고 있는 미란 벽화의 인물들은 호탄의 선선국과 쿠샨 제국의 밀접한 관계를 알려준다. 쿠샨은 2세기 초부터 선선국에 영향을 미쳤으며, 두 지역 간 활발한 대상(隊商)교통이 이루어졌다.

미란 사원지 벽화와 누란 고성묘 벽화는 쿠샨 간다라 부조에 나타나는 디오니소스 축제와 연관된다. 연회도는 쿠샨·간다라 미술에서 유행한 디오니소스 주제로서 고대 그리스인이 주신 디오니소스에게 바치는 제의에서 비롯되었다. 기원전 4세기 알렉산드로스 대왕의 동방원정으로 간다라 지역에 전파되어 인도 미술의 약사 제재와 결합하여 독자적 표현으로 발달하였다. 쿠샨인은 간다라 지역을 점령한 후 그리스의 디오니소스 제의 문화 전통을 받아들였다. 우즈베키스탄 딜베르진 테페의 쿠샨 신묘(神廟)에서 발견된 아잔타석굴 1호굴 천장에 묘사된 귀족 연회도도 같은 형식이다. 아잔타석굴의 연회도는 사산의 호스로 2세 또는 풍요의 신인 쿠베라를 묘사한 것으로 여겨진다. 인도 미술 연회도에 묘사되는 쿠베라는 재부의 상징으로 그리스 신

그림 50 북위 시기 영하 고원 뇌조묘에서 1973년에 출토된 칠관화의 묘주도

화의 디오니소스와 인도의 재물신 쿠베라가 결합한 것이다.

북위 시기의 영하 고원 뇌조묘에서 1973년 출토된 칠관화는 중앙아시아 계통의 각종 제재와 문양, 그리고 페로즈 은화 등으로 주목받았다. 칠관 앞면에 그려진 선비 복식을 한 묘주가 한 손에는 작은 잔을 들고, 또 다른 손에는 원형 부채를 손에 들고 다리를 벌리고 앉아 있는데, 쿠샨·에프탈·사산·소그드 계통의 묘주 표현으로 주목받았다(〈그림 50〉).

2009년 산서성 대동에서 발굴된 북위 평성시기의 운파리로 벽화묘 묘실 동벽(정벽)은 묘주 연락도로서 가옥 내에 앉은 묘주가 왼손에 고족배를 든 자세나 둘러싼 시종의 모습이 모두 영하고원 뇌조묘와 흡사하다. 묘주의 복식에 그려진 하트 문양은 돈황석굴 125호굴과 126호굴에서 발견된 자수 잔편(487년)의 선비족 공양자 복식과 같으며, 발라릭 테페 연회도의 여성 복식에도 유사한 문양이 보인다. 발라릭 테페 벽화의 연회도에서는 한 손에 작은 원형 부채와 다른 손에 원형 다리가 달린 피알레를 든 인물상을 볼 수 있다.

유사한 연회도 형식은 북주·수대의 안가묘, 사군묘, 우홍묘 등 소그드계 묘주의 석각에 묘주가 손님과 함께 잔을 들고 연회를 즐기는 장면으로 반복적으로 묘사된다.

소그드인 묘주와 돌궐인 손님의 연회도(섬서성 서안의 안가묘), 한족 묘주와 호상(胡商)의 상담(商談)도(산동성 청주의 부가촌 화상석), 소그드인과 돌궐인의 회맹도 같은 외래계 인물들의 교류가 주제이다. 남녀 연회도 형식은 우즈베키스탄의 사마르칸트, 펜지켄트, 발라릭 테페, 할차얀, 타지키스탄의 칼라이 카흐카, 아프가니스탄의 딜베르진, 바미안 등의 쿠샨·사산·소그드·에프탈 벽화의 귀족 연회도, 대영박물관과 에르미타주박물관에 소장된 사산·소그드·에프탈 은기의 연회도 등에 종종 출현한다.

4) 잡기도

연회도에는 외래계 백희잡기가 같이 출현하는 경우가 많은데 고구려 안악3호분, 장천1호분, 수산리벽화분 등과 중국 내몽골 화림격이의 동한시기 벽화묘, 감숙성 고대의 지경파 4호묘, 산서성 대동의 운파리로 벽화묘, 섬서성 서안의 안가묘와 사군묘, 산서성 태원의 우홍묘, 영하성 염지 6호묘 등에서 볼 수 있다. 안악3호분 후실에 악사들의 음악에 맞춰 춤을 추는 한 명의 인물이 화면 오른쪽에 등장하는데 이러한 호선무는 안가묘, 우홍묘, 최분묘, 염지 6호묘 등 중국의 북조·수대의 여러 고분에서 찾아볼 수 있다.

백희잡기 전파와 함께 중국에 유입된 환인(幻人) 중에는 이집트 및 로마, 페르시아 사람들도 있었다. 장천1호분 전실 북벽의 야외 연회도에는 묘주가 손님을 접객하는데 여러 명의 외래계 인물들에 둘러싸여 있다. 장천1호분 북벽 좌측 상단에 잡기를 하는 인물과 삼실총 제3실 북벽 역사는 짧은 흰 바지를 입고 있는데 중국 감숙성 고대의 지경파 벽화묘 씨름도에 등장하는 인물들과 유사하며, 쿠샨, 파르티아 또는 로마의 복식을 연상시킨다.

5) 씨름도

각저총, 무용총, 안악3호분, 장천1호분 등의 씨름 또는 수박희는 심목고비의 인물이 고구려인과 같이 묘사되어 중앙아시아계 인물의 유입 사례로 지적된다. 씨름과 수박희가 고구려에 정착하여 고유문화가 된 후에는 외래문화로 판단하기 어려운 것은 사실이다. 그러나 참여하는 인물을 전형적인 외래인으로 묘사하는 점은 주목할 필요가 있다. 씨름은 섬서성 장안현 예서향 객성장 양주 고분군 140호에서 출토된 장방형 동제 부조(기원전

그림 51 하남성 밀현의 타호정
벽화묘 천장의 수박희

1세기)와 같이 흉노 계통의 동제 부조들에 자주 묘사된다. 수박희
는 중국 한대의 미술 가운데는 하남성 밀현의 타호정 벽화묘에
서 안악3호분의 수박희와 똑같은 장면이 다각형의 연속장식문
양이 펼쳐진 천장에 하나의 작은 제재로 등장한다(〈그림 51〉). 위
진시기에는 감숙성 고태의 벽화묘 전실 문 위에 유사한 유희 장
면이 등장한다. 남북조·수당시기에는 찾아보기 어려운 주제이
다. 씨름 주제는 그리스와 로마 미술이나 서북 인도와 아프가니
스탄의 간다라 미술에도 등장하며, 간다라 미술의 헤라클레스
와 씨름 도상은 헬레니즘의 영향을 보여 준다.

6) 행렬도

고구려 고분벽화에 등장한 행렬도의 외래문화 요소는 행렬
의 성격이 불교 등의 제의와 연관되었거나, 행렬 중간에 외래계
인물이 출현하는 데서 찾아볼 수 있다. 행렬도는 무용총, 대안
리 1호분, 안악1호분, 장천1호분, 옥도리벽화분 등 여러 고분벽
화에서 등장한다.

무용총 주실 동벽의 화면 중앙에는 말을 탄 묘주가 서 있으며,
그 좌우에는 주방도와 악무도가 있다. 화면의 중심인물로 행렬
하는 기마인물을 구성한 것은 고구려 고분벽화에서 종종 가무

그림 52 무용총 주실 동벽의 행렬도

나 백희가 묘주의 이동과 함께 베풀어진다는 특징을 반영한 것이다(《그림 52》). 한편 묘주를 기마인물로 화면 중앙에 강조하고, 여러 명의 인물과 마주 서게 한 구성은 북조 소그드계 석각의 묘주 회맹도, 이란 비샤푸르 탕게 초간과 낙쉐 로스탐 사산 부조의 왕권서임도, 사산 왕과 외국 사신의 알현도 등에서 유사한 구성을 볼 수 있다.

행렬이 종교의례로 행해지는 경우로는 쌍영총의 승려가 앞장서는 공양인 행렬, 안악2호분의 비천과 함께 연화를 들고 전진하는 공양인 행렬 등이 있다(《그림 53》). 외국인이 행렬에 포함된

그림 53 안악2호분의 비천과 함께 연화를 들고 전진하는 공양인 행렬

예는 쌍영총 행렬도로 행렬 가장 뒤쪽 두 명의 복색(服色)이나 옷 깃이 접힌 모양이 호인들이 입는 번령의 복식과 유사하여 주목된다. 대안리1호분 행렬도에도 중간에 얼굴이 검고 코가 큰 인물이 서역인일 가능성이 있다. 오회분 4호묘 벽면의 인물상과 중국 산동성 최분묘의 묘주 행렬도는 하남성의 용문석굴과 공현석굴의 공양인상을 차용하였다.

중앙아시아 계통의 상인, 마부, 타부 등은 북조·당대 고분에 도용과 벽화로 다수 발견된다. 산서성 태원의 서현수묘와 누예묘, 산서성 구원강의 북조 벽화묘 등은 묘실로 이어지는 경사진 묘도의 동서 벽면에 행렬도가 그려졌는데, 선비족 복식을 한 인물들과 함께 말이나 낙타를 끄는 마부와 타부의 역할을 맡은 호인들이 출현한다. 묘실 내부의 벽화에는 묘주의 초상이 묘실 후벽에 그려졌고, 좌우 벽면에 호인이 말이나 우차를 준비하기도 한다. 북조·수당 고분벽화의 마부와 타부는 종종 호인으로 묘사되는데 중앙아시아에서 온 호인 상대(商隊)나 말을 기르는 양마(養馬)에 종사하였던 소그드 출신의 소무구성(昭武九姓)의 활동을 반영한 것으로 볼 수 있다. 또한 소그드계 묘주의 고분에서는 소그드인, 돌궐인, 에프탈인 등이 함께 말이나 낙타를 이용하여 호상(胡商) 상대(商隊)를 구성하거나 또는 장례 행렬에 표현되어 다민족으로 구성된 행렬도의 표현을 볼 수 있다.

7) 수렵도

고구려 무용총, 덕흥리벽화분, 장천1호분, 약수리벽화분 등의 수렵도에는 말을 타고 뒤로 돌아 쏘는 기마반사 자세가 유라시아계 문화로 볼 수 있다. 기마반사 자세는 중국 하남성 낙양·정주의 화상전과 동한대 흉노와 접경지역인 섬서성 섬북 수덕의 화상석묘와 감숙성 가욕관의 신성 채회전묘 등에도 출현한다. 산서성 대동의 봉화돌묘에서 출토된 수렵문 은반의 수렵도는 화면 구성과 표현에서 사산조 페르시아의 왕실에서 제작된 수렵문 은기들과 유사하다(〈그림 54〉). 수렵도만 단독으로 강조하여 표현하는 것은 사산조 왕의 권위를 드러내는 은기의 특징이다. 사산과 소그드와 에프탈의 벽화와 은기 장식, 그리고 그 영향을 받은 중국의 소그드계 석각에서는 수렵과 동물투쟁이

그림 54 산서성 대동의 봉화돌묘에서 출토된 은반의 수렵도

애호된 주제였다. 사산에서 제작하였거나 사산의 은기를 모방하여 중앙아시아에서 제작한 은기는 사산·소그드·에프탈 사신이나 대상(隊商)들이 휴대하여 중국으로 사산의 미술 도상을 전파하는 데 중요한 역할을 했을 것으로 짐작된다.

기마반사 자세는 파르티안 샷(Parthian shot)으로 서구에 잘 알려져 대개 원류를 페르시아의 파르티아 왕국에서 찾아왔다. 최근에는 그 기원이 스키타이 문화에서 유래되었을 가능성이 크다고 보기도 한다. 이러한 기마반사 자세는 장건의 서역 원정 이후 비단길을 통해 중국에 전래하였거나 초원길을 통해 전해졌을 가능성도 있다. 기마반사 자세, 고임천장, 팔메트 문 등은 북방

초원의 유목세계에서도 확인된다.

쿠샨의 할차얀 궁전지(기원전 1세기~기원후 2세기)에서 발견된 수렵도는 네 명의 기마무사들 가운데 가장 좌측의 인물이 파르티안 기마자세를 하고 있다. 쿠샨의 간다라 부조에서도 수렵도가 출현한다. 쿠샨 부조의 수렵도는 로마 석관 미술의 대표적인 주제인 수렵도의 도상을 차용한 세속적인 주제 중 하나이다. 로마의 장의미술에서 사냥감인 사자, 멧돼지 등의 야수는 죽음을 상징하고, 사냥꾼은 죽은 영혼으로 해석된다. 즉 동물(죽음)을 죽임으로써 현세를 초월해 영원불멸의 세상을 구함을 의미한다. 이는 간다라 조각과 금속공예품 등에서 로마에서 유래된 꽃줄을 메는 에로스상(불로장생의 상징)이 자주 묘사되는 것과 같은 이유다.

수렵도의 배경인 산악도도 유라시아문화의 영향을 보여 준다. 반원형 또는 삼각형의 산들이 중첩된 형태의 한대 산악도는 세 개의 산봉우리로 구성된 고대 아시리아 계통의 산악도에서 유래한 것으로 여겨진다. 산동성 기남화상석묘의 호한교전도의 산악도, 섬서성 정변의 학탄 1호묘 산악도, 한대 흉노묘에서 출토된 황유 부조 도준(陶樽)의 산악도, 북흉노 고분인 몽골의 노인 울라 6호묘 은기의 산악도 등에서 삼각형 산이 중첩된 형태를 볼 수 있으며, 이러한 산악도는 고구려의 약수리벽화분과 덕흥리 벽화분의 산악도로 계승된다.

2. 종교로 들어온 유라시아

고분벽화 구성의 중심인 묘주의 초상이나 행사 장면 외에도, 묘주가 받아들인 종교와 신화 관련 도상[불교의 불보살, 연화화생, 공양인상, 도교의 천인(天人), 신수(神獸)]과 묘주를 지키는 수호(또는 벽사) 인물상(역사, 문지기 또는 문신)에도 외래문화 요소가 강하게 나타난다.

1) 불보살상과 비천

불교의 불보살도, 비천도, 공양인도, 연화화생도도 유라시아

그림 55 장천1호분 전실 천장의 불상

문화 요소가 유입된 것을 반영한다. 장천1호분 전실 천장의 불상과 8구의 보살상은 간다라 미술과 키질석굴의 예와 유사한 인도·이란 양식의 불보살상이다(〈그림 55〉, 〈그림 56〉).

중국 위진남북조 고분벽화 가운데 불보살상을 표현한 예는 찾아보기 어렵다. 한대의 낙산마호1호애묘(樂山麻浩1號崖墓)의 부처상, 묘전수(墓錢樹)와 동경(銅鏡)에 표현된 서왕모상 등이 초기 불교의 동전으로 전통 신선 도상과 불교 도상이 혼합된 예이다.

쿠샨의 간다라 양식의 불상은 그리스·로마 조각을 모델로 간다라 지역의 회색 편암으로 제작되었다. 장천1호분 불상의 통견에 선정인의 수인, 대좌 양쪽의 사자 표현은 하버드대학교

그림 56 하버드대학교 새클러박물관 소장 간다라 양식의 초기 불상

새클러박물관에 소장된 간다라 양식의 초기 불상(〈그림 56〉)과 흡사하다.

장천1호분의 보살상은 관식과 천의, 다리를 벌리고 선 형태 등이 키질석굴의 인도·이란풍 보살상과 가깝다. 또한 장천1호분 전실 천장의 보살상들도 관식 형태 등이 키질석굴의 보살상과 유사하여 장천1호분과 삼실총 제작 당시에 중앙아시아 계통의 보살상 모본이 고구려에 유입되었음을 알 수 있다.

장천1호분의 비천상은 운강석굴 제6굴 중심탑주, 제7굴 주실 천장, 제12굴 전실 남벽, 문수산 천불동 주실 서벽 등에 묘사된 비천상과 유사하며, 강서대묘와 오회분 4·5호묘의 비천상들은 공현석굴 제1~5호굴 천장과 용문석굴 연화동 천장의 비천상과 유사하여 비천상 모본이 중국 불교 석굴의 비천상 발달과 같이 변천하였음을 알 수 있다.

하남성 용문석굴·공현석굴의 공양인 행렬도상이 쌍영총과 안악2호분, 오회분 4호묘, 그리고 중국 산동성 최분묘 등에서는 묘주의 행렬로 바뀌어 재현되었다.

돈황에서 많이 발견된 불상, 보살상, 관음상, 천왕상, 금강역사상, 비천기악 등 인물존상화 모본들 가운데 천왕상과 금강역사상, 비천기악상 등은 고구려와 중국 벽화에 보이는 불교식 문지기상, 비천상, 기악천 등의 원류를 설명해 준다.

고구려 벽화의 연화화생 도상은 중국 고분벽화에서는 찾아보기 어렵다. 간다라 미술에서 선례를 찾는다면 2~3세기 간다라 부조의 아칸서스 잎에 둘러싸인 주악천인과 디오니소스 등 다양한 인물상의 모티프에서 연원을 찾아볼 수도 있다.

2) 문지기와 역사상

① 문지기

대부분의 고구려와 중국 고분에는 죽은 자의 영혼과 육신이 머무는 공간이라는 상징성으로 인해 묘실 입구 내외 벽에 장의 공간을 지키는 문지기가 쌍으로 등장한다. 고구려와 중국 고분에 등장하는 문지기는 고구려나 중국 전통의 복식을 한 것이 일반적이지만, 묘주를 지키는 벽사의 상징으로 과장된 자세와 흉악한 얼굴을 가진 형상으로도 많이 그려진다. 얼굴 형태가 과장되다 보니 이국적인 형상으로 표현되어 서역인 또는 호인상(胡人像)을 보여 주는 대표적 제재가 되기도 한다.

중국 고분미술에서 호인상은 동한대 화상석에서 다수 관찰된다. 한대 화상석에서 호인이 출현하는 주제는 분포지역에 따라 차이가 나는데, 산동지역은 호한교전도(胡漢交戰圖), 섬북·산서지역은 기마반사 자세의 수렵도와 동물과 운기문(雲氣文)이 결합된 동물 양식 산악도, 하남지역은 투수(鬪獸)와 각저도(角觝圖) 등에 출현한다. 산동성 기남 화상석묘와 장청현 효당산 사당 화상석의 호한교전도, 산동성 임기의 오백장 화상석묘 석주의 호인상, 강소성 공망산 마애조각상, 섬북 수덕의 화상석묘 문미(門楣)의 수렵도, 하남성 남양의 기린강한묘 각저도, 하남성에서 출토된 호노문(胡奴門) 화상석의 문지기 등이 대표적이다.

하남성 방성에서 출토된 호노문(胡奴門) 화상석의 문지기처럼 호인과 문지기의 이미지가 결합한 예가 한대에 이미 출현한다(〈그림 57〉). 호인 문지기는 흉노와 다투는 호한교전도, 심목고비호인의 각저도 등과 유사한 상징성을 갖는다. 북방 및 서방의 낯선 세계와 죽은 이가 가게 될 내세를 동일시하면서 다른 세계로의 통과의례를 의미하는 도상으로 보인다.

고구려 벽화의 문지기와 역사는 덕흥리벽화분, 장천1호분, 삼실총, 수산리벽화분, 대안리1호분 등에서 다양한 형태로 표현되었다. 동아시아 고분미술의 전통적인 문지기 형식을 보여 주는 덕흥리벽화분의 문신(門神)은 산동성 기남의 동한 화상석묘와 유사하며, 수산리벽화분과 대안리1호분의 역사는 감숙성 불야묘만 위진 벽화묘와 유사하다.

그림 57 하남성 방성에서 출토된
호노문 화상석의 문지기

고구려 벽화의 이국적인 역사와 문지기상은 중앙아시아와 중국 불교미술의 도상과 모본이 고분미술에 직접 유입되어 혼용된 사례이다. 불교 도입으로 불교 석굴을 지키는 문지기로서의 불교역사상 도상이 혼합되어 묘실 입구나 묘실 내부를 수호하는 진묘벽사상 기능을 가지면서 기존의 문지기상이 위치한 묘실 입구에 자리하기도 한다.

5세기 고구려 벽화에는 불교미술의 영향을 받아 보살과 천왕을 닮은 문지기상이 나타난다. 쌍영총과 통구사신총의 문지기는 불교의 사천왕상처럼 표현되었다. 삼실총의 보살형 문지기상과 역사들은 머리에 쓴 관장식과 어깨에 두른 하늘 옷(천의)에서 불교미술의 영향이 역력하다. 삼실총 제1실 서벽 양측의 두 문신상은 불교미술의 보살 형상으로 원래 무사나 시종의 자리에 위치한 점이 독특하여 불교 석굴의 공간 구성과 도상에서 영향받았음을 알 수 있다(〈그림 58〉).

삼실총은 생활풍속도가 그려진 제1실의 주요 벽면을 제외하고, 제2실과 제3실에 갑옷을 입은 무사, 하늘을 받든 역사형 문지기상이 벽면에 한 명씩 그려졌다. 기존에 장의 공간을 지키는 평범한 문지기상 모본에 고구려 영토 확장기의 갑주무사형 문지기상과 불교미술에서 온 보살형 문지기상, 그리고 유라시아 계통의 역사형 문지기상 도상 등이 추가되어 혼재하는 양상이다.

그림 58 삼실총 제1실 서벽 우측의 문신상

삼실총의 보살형 문지기는 쓰고 있는 관 형태와 어깨와 팔에 두른 천의 형식이 신강성 키질 제171굴(417~435년) 보살상, 쿰투라 제2굴 주실 천장 보살상, 감숙성 무위의 천제산 제4굴 중심주 공양 보살과 유사하여 인도·이란계 미술의 특징을 가진 중앙아시아 계통의 보살상 모본이 삼실총 축조 당시에 고구려에 유입된 것을 알 수 있다(〈그림 59〉).

같은 시기인 중국 북위의 평성 벽화묘 문지기 도상은 갑주무사형 문지기(사령 벽화묘)와 보살과 천왕형 문지기(회인 벽화묘, 문영로 벽화묘, 운파리로 벽화묘)의 두 종류가 공존한다. 후자는 중국 신강성 키질석굴과 감숙성 돈황막고굴의 초기 석굴에서 볼 수 있는 인도·이란 계통의 보살과 천왕형 문신들이다. 특히 산서성 회인의 벽화묘와 문영로 벽화묘의 문지기는 적색 나신에 천의를 두르고 몸을 세 번 튼 'S'자형 삼곡자세로 선 사나운 형상으로 중국 고분미술의 전통적인 문지기상과는 이질적인 모습이다. 이 때문에 인도와 중앙아시아 계통의 불교미술 모본이 그대로 고분미술에 적용되어 외래 종교미술의 직접적인 유입이 급격하게 이루어졌음을 짐작하게 한다(〈그림 60〉, 〈그림 61〉). 회인 벽화묘, 문영로 벽화묘, 그리고 사군묘의 문신은 모두 삼곡자세의 나신으로 표현된 보살형으로 인도 재래의 여신인 약시상에서 비롯되어 불교 석굴의 발달에 따라 전파된 인도의 육감적인 보살형식을 따르고 있다.

그림 59 키질 석굴 171호굴의 보살상

그림 60 산서성 회인벽화묘의 문신상

그림 61 대동 문영로 벽화묘의 문지기

②역사상

고구려 장천1호분, 삼실총, 수산리벽화분, 대안리1호분 등에
는 기둥을 받치는 역사상이 그려졌다. 인도의 산치대탑, 아잔타

석굴과 엘로라석굴에는 인도 전통의 약사상에 기반하여 석주 중간에 기둥을 받치는 형태의 난장이 형상으로 표현된 역사상이 흔히 보인다. 불교미술의 동전에 따라 돈황석굴과 운강석굴에서도 발견된다. 중국 벽화묘의 예로는 감숙 돈황 불야묘만 위진시기 채회전묘와 산서 대동 북위시기 문영로 벽화묘의 역사상이 있다.

문영로 벽화묘 관상 입면에는 중앙아시아계 복식을 입은 타부(駝夫)와 쌍봉낙타 그리고 한 손에는 곤봉, 다른 손으로는 천장을 받치는 역사상이 있다. 벗은 상반신에 한 손에는 긴 창, 다른 손에는 헤라클레스의 곤봉 형태에서 유래한 듯한 울퉁불퉁한 짧은 곤봉을 들었다.

2~3세기경 쿠샨 왕조의 간다라 부조에서는 날개를 가진 아틀라스형 역사상이 그려진다. 그리스 신화에서 하늘을 떠받치고 있다는 거인 신 아틀라스에 비유하는데 날개를 가진 아틀라스 동상은 간다라에서 만들어진 특유의 표현이다. 아틀라스는 간다라의 불교 사원에서 스투파를 비롯한 건축물 기단 부분 등에 배치된 상부 구조를 지지하는 역할을 한다.

간다라에서 만들어진 특유의 표현인 날개를 가진 역사상은 인도풍의 허리띠를 매고, 유목민의 부츠를 신거나, 손에 무기를 든 경우도 있다. 그리스·로마 조각에서 헤르메스와 에로스 등 사자(死者)의 영혼을 나르는 인물에 날개가 그려지는 경우가 많다. 파키스탄 탁실라와 아프가니스탄 북서부 틸랴 테페에서 날개 달린 아프로디테 동상이 발견된 선례가 있다. 간다라의 날개 달린 역사상은 죽은 영혼을 내세로 이끄는 역할을 한다. 삼실총 역사상의 어깨 옆으로 날리는 두 갈래의 천의도 천상세계의 존재로서의 성격과 역할을 잘 보여 준다.

신강성 미란의 불교 사원지는 서역 실크로드의 사원지들 중에서 가장 이른 3~4세기경 조성되었다. 미란 사원지가 속하는 선선국은 2세기 후반 내지 3세기 전반경 쿠샨 왕조에서 온 이민집단의 지배를 받았다. 1907년 오렐 스타인이 발견한 미란 사원지는 선선국 영역 내 건립된 최대 사원지로서 제3사원지와 제5사원지에서 발견된 벽화는 현존하는 서역 회화 중 가장 이른 시기의 것 중 하나로 여겨진다(〈그림 62〉). 1989년에도 미란 제2사원지에서 날개를 단 동자 단 2구가 새로 발견되었다.

제3사원지는 차이티야 형식에 방형 전실과 원형의 후실로 구성되었으며, 안쪽은 돔 형태의 천장, 중앙에는 둥근 복발형 불탑, 불탑 주위는 회랑으로 구성되었다. 회랑 안쪽 벽에 그려진 날개 달린 천사상, 꽃줄을 든 동자상, 부처와 승려상 등 각종 인물상이 유명하다. 부처상은 신강성 호탄의 금동 불두, 하버드대학교 새클러박물관에 소장된 금동 불좌상 등과 동일하며, 간다라 초기 불상 양식으로 장천1호분의 불상과도 비슷하여 불상 양식의 동전을 살펴볼 수 있다. 날개 달린 천사상은 동방

그림 62 미란 제3사원지에서 발견된 벽화

으로 전파된 로마·비잔틴 모티프로서 6~7세기 사산조 페르시아 케르만샤의 타크 보스탄 부조의 대석굴 외면에도 대형으로 조각되었다.

미란 제5사원지는 차이티야 형식으로 방형 전실과 원형 후실로 구성되었으며, 내부에 직경 약 3m의 복발형 불탑과 탑을 둘러싼 약 2.1m 폭의 회랑이 있다. 회랑 안쪽 벽면의 벽화에 꽃줄을 중심으로 각종 인물상이 있다. 간다라에서 크게 유행하던 꽃줄 모티프는 그리스·로마 미술에서 유입된 것으로 로마 석관의 부조 장식에서 볼 수 있으며, 사자(死者)를 애도하던 모티프가 간다라의 사리탑, 사리기, 스투파 등 부처의 죽음을 기리는 곳에 출현하였다. 꽃줄 위에 그려진 〈비슈반타라 태자본생도〉에는 '티타(Tita)의 작품. 3,000밤마카(Bhamakas)를 받았다'는 명문이 있다. 티타는 라틴어로는 티투스로, 로마나 로마의 지배를 받은 지역 출신의 화가로 보인다. 한편 스탠리 아베에 의하면 미란의 벽화는 로마보다는 쿠샨·간다라 미술과 연관된다고 한다.

꽃줄을 멘 동자 모티프는 서역의 불교 사원지 중에서 쿠샨의 영향권에 있던 미란에서만 출현한다. 실제로 누란 유적 주거지에서 나온 쿠샨 왕 비마 카드피세스 동전의 수가 아주 적어 직접 지배한 것인지는 확실치 않다는 의견도 있다. 쿠샨인 집단이 니야, 누란 등으로 이주했거나 쿠샨 왕조의 멸망으로 다수의 쿠샨인이 망명하여 정권을 잡았을 가능성이 있다.

그리스 신화에 영향을 받은 간다라 미술의 날개 달린 천사형 역사상은 신강성 미란 벽화에 그 모습을 보이고, 후에 섬서성 서안 사군묘의 석곽 기대 가장자리에 다시 출현하는 것으로 보아 유라시아계 문화에 내재했던 것이 시기와 지역을 달리하여 출현한 것으로 짐작된다. 사군묘 석당 문주의 날개 달린 에로스와 유사한 동자상과 포도 덩굴의 결합도 그리스·로마 미술에서 간다라 미술, 그리고 중국의 유라시아계 미술로 이어지는 제재이다.

역사상은 중국 북조 고분에서는 활발하게 채용되지 않았고, 주로 운강석굴 같은 불교 건축에 출현하므로 고구려 고분미술의 축조에 중국 고분과는 다른 경로의 역학, 즉 불교 건축의 영향이 작용하였음을 시사한다.

3. 유라시아에서 온 장식문양

1) 연주문, 쌍수문, 귀면문, 귀갑문

　유라시아계 장식문양을 대표하는 연주문은 고구려 벽화에서는 관찰되지 않으나 평양시 역포구역 소재 진파리 7호분 출토 금동투조장식판(金銅透彫裝飾板, 5~6세기)(〈그림 63〉)의 테두리를 두르고 있다. 북조 고분 가운데 산서성 대동의 북위 호동묘 채회칠관, 산서성 태원의 서현수묘 벽화, 섬서성 삼원의 수대(隋代) 이화묘(李和墓, 582년) 석관 등에서 발견된다. 돈황석굴과 바미안석굴 등 중앙아시아와 중국의 석굴에도 연주문 테두리의 동물문양이 종종 출현한다.

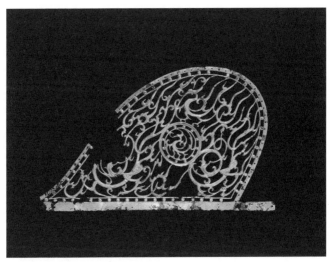

그림 63 진파리 7호분 금동투조장식판

　나무를 사이에 둔 쌍수문(雙獸文)은 페르시아 계통의 장식문양으로 잘 알려졌는데, 강서대묘, 쌍영총 등 고구려 고분벽화의 말각조정 천장에 주로 배치되어 주목된다. 장천1호분 전실 천장고임 동쪽에 그려진 쌍주작과 쌍기린은 한 쌍의 동물들이 서로 마주 보는 모습으로 묘사하는 중앙아시아계통 조형에서 영향받은 결과이다.

　사신이라는 환상의 동물을 중심 주제로 선택한 고구려 후기 벽화의 장식 구성은 주로 도교와 연관 지어 설명해 왔다. 그러나 스키타이·흉노시기부터 북방을 따라 흐르던 유목 미술에 기반한 도상일 가능성도 배제할 수 없다. 특히 뱀과 거북의 투쟁과 결합을 보여 주는 현무도는 북방초원의 금속공예에서 전형적인 동물 양식으로 볼 수 있다.

북방초원의 동물 양식은 소그드 미술에서 다시 부활하게 된다. 또한 중국 섬서성 서안의 북주시대 안가묘와 사군묘, 산서성 태원의 수대 우홍묘 등에는 인물과 동물의 투쟁 또는 수렵이 반복적으로 묘사되었다. 신강성의 위진시대 누란 벽화묘 전실 서벽에 묘사된 낙타 두 마리가 싸우는 투타도(鬪駝圖), 내몽골 화림격이의 북위시대 유수량벽화묘 투수도(鬪獸圖) 등도 같은 맥락의 벽화 주제이다. 고구려의 후기 사신도에 등장하는 격렬하게 싸우는 뱀과 거북의 현무도, 오회분 4·5호묘 천장의 평행고임을 장식하는 여러 마리의 용이 몸을 꼬며 다투는 교룡도, 그리고 상서로운 동물들의 대칭과 행렬 배치 등은 초원의 동물 양식을 잘 보여 준다.

한편, 통구 사신총 천장 모서리에 등장한 귀면은 중국의 전통 미술에서 연원을 찾으면 한대의 벽사 상징의 귀면을 계승한 제재로 볼 수도 있다. 북경 석경산 팔각촌의 위진시대 벽화묘, 산서성 대동의 북위시대 송소조묘 석곽, 동위시대 여여공주묘 묘도 벽화, 북제시대 서현수묘 묘도 벽화, 북제시대 누예묘에서 출토된 존(尊)의 장식, 몽골 볼간의 바양노르 벽화묘 묘도 벽화, 섬서성 삼원현에서 출토된 수면(獸面) 석관 등에서도 발견된다.

팔각촌 벽화묘의 수면 장식은 조로아스터교의 상징으로 해석되어 중국 동북지역에 이른 시기에 출현한 중앙아시아계 문화의 모티프라고 할 수 있다. 북제의 도자기 표면에 그려진 귀면 장식과 송소조묘의 석당 귀면 장식문에 대해서는 신강성 호탄지역에서 많이 볼 수 있는 고르곤 문양과 연관 지어 실크로드를 따라 전래된 것으로 본다.

고구려 천왕지신총과 귀갑총에 보이는 귀갑문은 근동에서 유래된 것으로 2~3세기경 팔미라의 벨 신전 왼쪽 감실 천장과 삼형제의 묘 천장에서 사용되었다. 팔미라 양식의 귀갑문은 사산조·이란의 건축 및 공예품에 다양하게 쓰였다. 사산조의 샤푸르 1세가 근동 최고의 장인인 팔미라인을 새로 시작된 대공사 및 공예산업에 투입하였기 때문이다. 사산계 문양은 동전하면서 각 지역의 특성에 따라 변용되었다.

중앙아시아에서 출토된 예로는 귀갑문 내부에 낙타를 끌고 가는 인물을 표현한 호왕문금(胡王文錦)이 있다. 귀갑문은 5세기 이후의 운강석굴·돈황석굴과 고분 부장품의 장식문양으로 유행했다. 5세기 말 운강 제9굴 귀갑문이 비교적 초기의 예이다. 아프가니스탄 바미안의 제11굴 천장은 부처상이 담긴 귀갑연주문으로 덮었다. 북조-수대의 고분 가운데는 영하성 고원의 북위시대 뇌조묘의 칠관과 섬서성 동관 세촌의 수대 벽화묘 석관의 귀갑문 장식이 있다.

왕자유운문은 옥도리벽화묘, 산성하 332호묘·983호묘, 미창구장군묘 등 몇몇 고구려 고분에 보이는 독특한 문양인데, 신강성 니야의 부부합장묘(3~4세기)에서 부부의 얼굴을 감쌌던 비단 가운데 왕자문양이 발견되어 왕자문 직물이 실제로 사용되었음을 확인할 수 있다.

　고대 로마 벽화와 돈황석굴 벽화에서는 건축을 통한 환영 효과(Illusion)를 만들어내는 방식이 사용되었는데, 진파리1호분 천장의 병풍문양과 수산리벽화분의 기둥 장식 등에도 나타난다. 병풍문양은 시리아 팔미라 삼 형제의 묘와 메트로폴리탄박물관에 소장된 다프네 모자이크(2세기)에서도 볼 수 있다. 로마에서는 대리석의 질감을 벽화로 나타내기도 했는데 새로 발견된 북한의 황해북도 봉산군 천덕리 고분벽화의 독특한 문양은 이러한 건축적 환영 효과일 가능성도 있다. 5세기 후반 쌍영총의 대각선 격자 문양(lattice pattern)은 돈황석굴에서 사용된 사례가 있어 돈황지역과의 교류 증거가 된다.

2) 장식문양 고분

　5세기 고구려 고분벽화의 독특한 벽화 구성 형태인 순수장식문양 고분은 연화문, 귀갑문, 왕자문 등만으로 묘실 벽화를 구성한 것이다. 고구려 장식문양도 고분인 귀갑총, 산연화총, 산성하 983호묘 등은 귀갑문, 측면연화문, 왕자유운문 등 사방연속문양으로 장식되었다. 천왕지신총도 묘주도가 그려진 북벽 중앙을 제외하고 후실과 전실 벽면에 모두 장식문양이 채워져 있다. 오회분 4·5호묘도 사방연속문양 위에 사신도가 그려졌다. 이러한 장식문양도 고분은 문양 종류와 구성에서 유라시아문화와의 연관성을 찾아볼 수 있다.

중국 북조의 고분벽화 가운데는 묘실 벽화를 순수장식문양만으로 구성한 예가 거의 없고, 칠관·석관 장식에서 가끔 찾아볼 수 있다. 영하성 고원의 북위 칠관화, 하남성 낙양 출토 북위 신수(神獸)석관(하남성낙양고대예술관 소장), 섬서성 동관세촌 수대묘 석관 등이다.

중국 위진시대 고분벽화 가운데 드문 비교 사례는 신강성 누란 고성의 벽화묘 후실이다. 누란 고성의 벽화묘의 벽화 구성을 보면 전실은 중앙아시아풍의 인물 연회도와 투타도(鬪駝圖) 그리고 가부좌를 튼 불교식 인물상이 그려져 있으며, 전실 중앙에 연화문이 장식된 중심주가 서 있고, 후실은 연화문만으로 장식되었다. 전실의 생활풍속과 불교적 제재는 장천1호분 전실과 같은 구성을 보여 준다. 장천2호분은 묘실이 연화문만으로 장식된 순수장식문양 고분이다. 신강성 누란과 길림성 집안의 고분이 어떻게 유사한 벽화 제재 구성을 갖게 되었는지는 규명하기 어려우나, 관을 안치하는 공간을 연화문만으로 장식하여 불교적 제의를 반영한 장의 공간을 형성했음을 알 수 있다.

누란 고성의 벽화묘 후실은 장천1호분 후실이나 환문총 묘실과 같이 연화문 또는 동심원문만으로 장식되었으며, 연화문에서 줄기처럼 나온 넝쿨 문양은 각저총과 무용총에 보이는 것과 똑같다. 누란 고성의 벽화묘와 회인 벽화묘의 정면 연화문에 달린 넝쿨 모양의 장식문양은 고구려 각저총, 무용총의 각저도와 수렵도에도 등장한다. 또한 누란 고성의 벽화묘 후실을 장식한 바큇살 달린 연화문은 산서성 대동의 북위시대 회인묘의 보살형 문지기상의 적색 나신을 둘러싸고 그려져 동일한 장식문양이 북위시대 평성까지 전파되었음을 알 수 있다.

4. 유라시아의 건축기법

고구려 고분벽화의 천장가구형식인 말각조정(삼각고임)은 일찍부터 유라시아문화 요소로 주목되었다. 고구려에서는 초기 고분인 안악3호분에서 삼각고임이 사용되었으며 각저총, 무용총 등에는 팔각고임 천장이 출현한다. 장천1호분에는 평행삼각고임, 삼실총에서는 삼각고임이 사용되었다.

지중해에서 한반도에 이르는 말각조정의 기원을 이전에는 서아시아로 보았으며, 의례적 건물에 많이 쓰여 불교와 함께 중국과 고구려에 전래했을 것으로 여겼다. 또 한편으로는 동방에서 서방으로 파급되었을 가능성도 시사되었다. 말각조정의 출현 범위는 아르메니아, 키질, 힌두쿠시 산맥, 투르키스탄, 카슈미

그림 64 낙양 금곡원의 신망 벽화묘

그림 65 사천성 삼대 처강의 동한시기 애묘

르, 투루판 등 중앙아시아지역의 민가와 사원 건물뿐 아니라 멀리 이탈리아에서도 발견된다. 최근에는 기원전 4세기경 지중해에서 시작하여 중앙아시아와 중국 북방을 거쳐 고구려로 들어왔을 것으로 본다. 아울러 흑해 연안에서 시작된 평행고임천장은 초원의 길을 거쳐 바로 고구려로 유입되었을 가능성이 크다고 본다.

중국에서는 하남성 낙양의 자간서한묘, 하남성 낙양 금곡원의 신망벽화묘, 기남 화상석묘 등을 포함한 산동·강소지역의 동한시기 화상석묘, 하남성 밀현 타호정의 동한시기 벽화묘, 사천성 삼대 처강의 동한시기 애묘, 감숙성 고대의 위진시기 지경파 3호묘, 북량·북위시기의 돈황 막고굴 등에 말각조정이 출현한다(〈그림 64〉, 〈그림 65〉).

말각조정은 실제 건축구조로 구현되지 않고, 얕은 부조나 벽화로 천장에 장식되기도 한다. 특히 처강의 애묘는 목조구조를 모방한 천장 중앙에 여러 개의 말각조정이 조각되어 독특하다. 사천지역은 실크로드의 간선인 청해로로 연결되어 있어 유라시아계 건축양식이 전파된 것으로 보인다. 고구려 고분벽화와 같은 시기인 남북조 고분은 대개 전축분이어서 말각조정은 찾아보기 어렵다.

이탈리아 페루자의 부유한 에트루스칸 귀족인 볼룸누스(Volumni)의 가족묘(기원전 4세기~기원전 3세기경)는 에트루스칸·로

그림 66 100년경 세워진 소아시아 밀레투스의 로마시대 시장의 대리석문의 말각조정

마 저택의 전형적인 구조로 아트리움과 7개의 방으로 구성되었다. 아트리움 천장은 맞배지붕 형태로 부조가 조각되었다. 묘 뒤쪽에 있는 세 개의 방의 천장은 각각 평행고임과 삼각고임으로 축조되었다. 기원전 4세기에 조성된 트라키아(지금의 불가리아)의 오스트루샤 벽화고분도 격자형 석조 천장 한가운데에 말각조정이 있다.

기원후 로마시대에 건축된 소아시아 유적들에서 말각조정이 천장 장식으로 다수 발견된다. 100년경 세워진 소아시아 밀레투스(Miletus)의 로마시대 시장의 대리석문(베를린 페르가몬박물관 소장) 천장은 여러 개의 말각조정이 장식되었다(〈그림 66〉). 그리고 2~3세기경 시리아 팔미라의 벨 신전의 아치형 문 천장도 여러 개의 말각조정이 장식되었다. 또한 2세기경 소아시아 카리아(Caria)의 밀라사[Mylasa, 현 지명은 밀라스(Milas)]에 조성된 로마 고분은 열주로 받친 팔각형 천장 안에 2단의 말각조정이 있고, 가장자리에도 작은 말각조정 부조가 장식되어 쌍영총과 같은 고구려 고분벽화 천장과 유사하다. 8세기에 조성된 석굴암은 아프가니스탄의 고대 석굴이 유력한 모티프였으며, 그 연원은 1~2세기 로마시대 신전 건축(판테온)까지 거슬러 올라간다.

아프가니스탄의 바미안석굴에는 53m 대불의 5호굴, 35m 대불의 4굴, 15굴, 14굴 등에 말각조정이 사용되었다. 바미안 서쪽의 포라디(Foladi)석굴에서는 A·B·C·E·F석굴에 모두 출현한다. 바미안 제15·14호굴은 목조건축 골조를 모방한 천장 중앙에 말각조정을 만들어 돈황의 북량·북위 석굴과 유사하다. 포라디석굴은 전·후실 구성인 경우 중요한 후실에 말각조정을 배치하고, 여러 개의 굴로 구성된 석굴군인 경우 중앙의 석굴 천장에 말각조정을 넣어 강조하였다. 포라디석굴은 중앙의 말각조정 주위에 팔각천장 장식을 둘러 소아시아의 천장 장식을 연상케 한다.

5세기에 조성된 고구려 벽화고분의 구조상 특징은 이실묘로서 중앙아시아와 중국 불교 석굴의 구조와 유사하다. 쌍영총과 마선구1호분 묘실의 중심 석주와 장식문양도 불교 사원의 상징적 건축구조가 전이되었을 가능성이 있다. 또한 쌍영총의 팔각기둥은 운강석굴 제9·10굴 등 불교 석굴 전면에 세워진 열주를 연상케 하는데 페르시아 아케메네스 왕조의 애묘 건축형식과도 연결된다. 사천성 삼대 처강의 애묘와 영하의 염지 3호묘에도 고분 안에 팔각주를 세웠다.

　　각저총과 무용총의 삼각형 화염문은 유라시아계 건축 장식이 연원일 가능성도 있다. 삼각형 화염문이 목조가옥 구조를 모방한 들보 부분에 장식된다는 점에서 쿠샨·파르티아·소그드 건축에 보이는 장식의 변형으로 고구려에 차용되었을 가능성이 있다. 삼각형 화염문과 같이 중국보다 먼저 고구려에서 출현한 사례들은 중국을 통하지 않고 북방 초원로를 통해 형성되고 공유되었을 가능성도 있다. 지금의 우즈베키스탄 남부의 할차얀에서 발견된 쿠샨시대 궁전 건물은 전면에 6개의 기둥이 세워진 주랑 현관이 있으며, 지붕 위에는 파르티아와 사산, 그리고 호레즘 건축에서 흔히 보이는 계단식 처마 돌림띠가 있다. 바미안석굴 140호굴, 초기 중국 불교미술 가운데 북량의 소형 석탑(5세기 전반), 돈황 259굴(480년대), 소그드 납골기 등에 이와 유사한 건축 장식이 보인다.

쌍영총 묘주도에 나타난 상부의 요철 문양(merlon pattern) 건축 구조는 돈황의 불교석굴벽화의 영향으로 고구려가 감숙지역과 양방향 교류가 이루어졌을 것으로 짐작한다.

V

유라시아 미술문화의 전파 경로

1. 모본 전래와 유통

고구려와 중국 고분벽화에 보이는 외래문화라는 주제를 다룰 때 선행연구에서 제기된 '관념'과 '실제' 문제에서 관념이란 고구려인 고유의 사상에 의해 만들어져 전통에 기반을 둔 것일 수도 있고, 외래사상과 문화의 유입에 의한 것일 수도 있다. 고구려 고분벽화에 큰 영향을 미친 불교는 고구려 고유의 관념에서 나온 종교가 아니기에 대표적인 외래문화 요소로 꼽힌다. 고구려 전통 묘제인 적석총에도 벽화가 남아 있어 고구려 자체로부터 고분벽화가 발달하였을 가능성도 있으나 안악3호분 묘주가 336년 고구려로 이주한 전연(前燕) 출신의 동수(佟壽)라고 할 때 고구려 초기의 고분벽화란 고분의 건축구조와 축조방법, 벽화 주제의 구성과 표현 등이 외래문화의 영향을 많이 받았다고 할 수 있다. 또한 '관념'적 표현이라 할 수 있는 정형화된 도상은 화본 전래나 화공 유입 등 외부에서 들어온 외래문화에 해당한다.

고분벽화를 처음 조성할 때 외부에서 들여온 형식에 기반하여 고분 축조와 벽화장식 방법이 정해졌을 것이다. 제작은 묘주의 요청으로 들여온 외부(중국)의 화공과 고구려 화공이 같이 작업하였을 것이다.

고분벽화라는 형식이 들어왔던 외래문화의 유입 통로는 전쟁으로 인한 대립이 있었거나 사신 교환 기록이 없더라도 지속적으로 사용되었을 것이다. 삼국의 불상이 북위·동위·북제와 북주·수당 순으로 양식적 발전을 보이듯이 회화 분야인 고구려 벽화도 외래문화의 변화에 지속적으로 반응하였을 것이다. 초기에 전래한 화본 또는 도상으로 작업하다가 점진적 발전을 이루며 도상의 재가공이 이루어졌고, 당시의 시각체계와 물질문화에 의한 사실적 표현도 추가되었을 것이다.

이에 따라 유라시아문화 요소의 전파 경로 중 하나는 고구려 고분미술에서의 외래 모본(그림본) 유입과 적용으로 설명할 수 있다. 고구려와 중국의 고분벽화를 모본 사용이라는 측면에서 살펴보면 첫째, 오랜 기간을 거쳐 지속적으로 계승·발전되므로 전파 경로를 따라 조성된 고분을 추적하여 해당 모본의 전파 경로와 시기를 밝힐 수 있다.

둘째, 묘주의 정면 초상과 같이 장기간에 걸쳐 전승될 만큼 고분미술에서 제의적 상징성이 큰 주제를 담고 있다. 셋째, 모본은 세대를 이어서 전래하는 것이어서 시기에 따라 사라지기도 하지만 한 세대를 지나 다시 출현하기도 한다.

고구려 5세기 벽화는 한대와 위진남북조대의 양식이 혼용되어 있는데 동아시아 장의미술 주제와 그것을 담은 모본이 한 시기에만 사용된 것이 아니라 오랜 기간에 걸쳐 축적된 범주 안에서 운용되었다는 점을 고려하면 이해가 가능하다. 특히, 고구려와 중국의 대외교섭이 활발하지 않았던 시기에는 기존에 전달되었던 화본이 재활용되었을 가능성이 있다.

고분이라는 장의미술 공간 안에 이질적인 종교적 요소가 결합한 경우 해당 종교미술의 모본이 전래하고 도입되는 과정에서 조화나 부조화는 해당 종교의 이해 정도에 달려있다. 외래 종교 제재의 혼용에서는 기존의 장의미술 모본을 사용할 때보다 급진적이고 적극적인 도입 양상을 볼 수 있다. 특히 불교미술 관련 제재가 그러하다. 고구려 벽화와 북위 벽화의 문지기상으로 불교미술의 천왕상과 보살상이 도입된 경우, 기존의 문신상을 대체할 만한 강력한 벽사적 성격이 천왕의 강력한 위엄과 위력을 강조하는 형태로 표현된다. 원래 해당 제재가 외래에서 유입된 만큼 표현 방법이 아직 토착화되지 않은 부분도 있다. 한편으로 해당 제재가 가진 이질성은 이러한 제재가 단순히 모본으로 유입된 것만이 아니라 실제 외래계 화공이 들어와 작업하였을 가능성도 있다.

고구려 벽화의 문지기상이 한대의 전형적인 문지기상에서 불교미술의 유입으로 인해 불교의 신장형으로 변화하는 것은 제재의 급격한 양식적 변화로 외부에서 전해진 이질적 문화가 흡수된 것이다. 불교미술의 신장상이 고분미술의 문지기상으로 받아들여지는 데에는 고분이라는 공간에 대한 인식이 단순히 묘주를 묻는 장의미술의 장소에서 신앙관이 표출되는 종교적 장소로 변화되었음을 의미한다.

외래미술인 불교미술의 도상과 제재가 전파되는 데는 불교미술에서 휴대가 가능한 견화나 지화 형태의 화본, 소형 불보살상 등이 역할을 하였을 것이다(〈그림 67〉). 이러한 공간적 상징성의 변화에는 사상의 변화도 일정한 영향을 끼쳤겠지만 고분을 축조하고 장식한 화공·장인 집단의 정체성, 어쩌면 불교 석굴에서 작업한 경험이 있었던 이들의 작업 경험도 특정 제재가 특정 장소에 배치되는 데 일정한 작용을 하였을 가능성이 있다.

벽화는 실제 현장에 가서 실견하지 않은 이상 접하기 어려우므로 실제 모본으로 전달된 것은 견화나 지화였을 것이다. 돈황 석굴에서 발견된 천왕·보살 견화에서 볼 수 있듯이 크기가 작고 휴대가 간편하여 유입하기 쉬웠을 것이다. 비천·불보살·역사상은 불교미술 모본을 그대로 사용하였다. 이 밖에 고분미술의

그림 6/ 휴대가 가능한 지화 형태의 불상 모본

회화에서 불교미술의 모본을 사용한 경우 기존의 장의미술 제재를 불교미술식으로 변환한 것으로도 본다.

셋째, 모본이 지화나 견화가 아닌 다른 매체에서 벽화로 제작되었을 때이다. 모본이 견화나 지화 형태로 전래하였을 가능성도 있으나 현재 고구려 고분벽화의 5세기 특징인 장식문양은 모본을 직물 문양에서 취했을 가능성이 있다. 시각문화와 물질문화가 결합하여 벽면에 2차원적으로 표현된 것이다. 즉, 견화, 병풍, 장식문 유장 등도 모본으로 사용되었을 수 있다. 직물을 모본으로 사용하였을 가능성은 장천 1·2호묘, 미창구장군묘, 환문총, 천왕지신총 등의 장식문양에서 보인다.

모본 이동은 결국 인적 이동을 통해서 이루어졌을 것이다. 집안의 화공이 평양으로 이동하여 집안지역의 고분벽화 모본과 제재 구성방식 등이 평양지역으로 전해져 5세기경 두 지역에서 벽화의 특징이 공유되었다. 섬북지역 화상석묘와 하서지역의 위진시대 채회전묘에서 사용된 서수상과 복희여와도의 모본이 평성지역의 북위시대 벽화묘에 등장하는 것은 북방지역을 따라 모본이 이동했음을 짐작하게 한다. 이러한 경로는 고구려가 4~5세기에 고분벽화를 축조할 당시에도 유지되었을 것이다.

또한 운강석굴 제9굴 전실 북벽 상부 석문과 제12굴 전실 서벽의 화염문이 영하 고원 북위칠관화묘와 고구려 각저총과 무용총 및 옥도리벽화분에 등장하여 고분미술과 불교미술의 장식문양 모본이 서로 공유되었음을 알 수 있다. 불교 석굴의 화공이 묘실의 화공으로 전환되어 종교미술과 장의미술이 혼합되는 또는 그 반대의 전환을 관찰할 수 있는 것이 5세기 고구려와 북위의 고분미술이다.

고분미술은 2차원적인 회화·조각과 3차원적인 건축이 결합한 종합예술로서 건축자나 화공이 참고하는 모본 또는 모형은 회화에 국한되는 것이 아니라 건축에도 적용될 수 있다. 또한 2차원의 백화, 관화, 벽화 등과 3차원의 조각 등 표현 매체에 따라 동일한 모본이 변용되는 경우도 있다.

길림성 집안의 만보정1368호분에서 각저총과 무용총으로 고분벽화가 발전하는 양상을 살펴보면 해당 지역에서 3~5세기 장의미술 모본 또는 범본이 성립되는 과정을 유추할 수 있다. 묘실에 적색 선으로 단순한 가옥구조를 그린 만보정1368호분에서 생활풍속과 사신이 결합한 각저총과 무용총의 벽화 구성 변천은 여러 갈래의 모본 유입과 통합 과정으로 볼 수 있다. 먼저 이르게 고분벽화를 축조하기 시작한 평양·안악의 장의미술 모본과 북위의 통일과 사민정책에 의하여 평성에 모인 하서·중원·동북의 장의미술 모본이 복합적으로 통합되었을 것이다. 거기에 오아시스로와 초원로를 통하여 하서지역으로 들어와 운강석굴에 모인 중앙아시아미술과 불교미술의 모본까지 복합적으로 조합되었을 것이다. 각저총의 단순한 덩굴무늬 천장 장식에서 무용총의 복잡다단한 천장벽화 구성으로의 변화는 중국 한대의 신선신앙에 고구려 고유의 연화문 장식, 북방지역을 따라 공유된 화염문, 그리고 섬북·하남의 서수상과 신선도상 모본등이 모두 통합된 것이다.

세 개의 묘실로 구성된 삼실총의 독특한 구조는 기존의 단실이나 이실 구조가 확대되면서 이전의 전형적인 장의미술 구성에서 변화가 요구되었다. 그에 따라 고구려 국내성 지역 고분벽화의 전형적인 묘주도, 수렵도, 가무도, 행렬도 등의 구성은 제1실에서 그대로 채용되었으나, 제2실과 제3실은 새로운 구성을 꾀하게 된다. 장천1호분 전실이 생활풍속을 중심으로 구성된 반면, 후실이 연화문만으로 구성된 장의 공간의 상징성을 심화시킨 것과 같이, 삼실총 역시 제2실과 제3실로 넘어가면서 현실 재현이 중요하지 않은 단계로 넘어갔다. 삼실총 묘주와 고분벽화 축조집단이 택한 새로운 모본은 역사와 문지기인데 벽면의 수가 많은 관계로 기존에 사용하던 단순한 무사나 시종보다 더 강렬한 상징성을 가진 지천역사를 선택하여 대형 역사상으로 모본의 크기를 키워 한 벽면을 가득 채워 넣었다. 같은 시기에 지천역사상이 주로 출현하는 곳은 운강석굴, 용문석굴, 공현석굴 등의 불교석굴이다. 삼실총 역사상의 모본은 운강석굴 제7굴 주실서벽에서 보듯이 불감 좌우 기둥 하단이나 중심주 석굴의 기단에 출현하는 역사상과 같이 불교미술로부터 온 것이다.

산서성 대동의 북위대 고분벽화의 모본 연원으로는 고구려 고분벽화와 하서지역의 위진시대 고분벽화를 지목한다. 하서지역의 위진시대 고분벽화 연원은 감숙성 주천의 위진시대 정가갑묘, 신강성 투루판의 위진시대 아스타나묘, 신강성 누란 고성 벽화묘 등으로 대표되는 세 가지 갈래의 벽화에서 찾아볼 수 있다. 중원지역에서 하서지역으로 모본이 전파되어 정가갑묘 벽화가 구성된 반면, 섬북지역의 서수도는 돈황 불야묘만의 위진시대 채회전묘에 전파되었다. 또한 아스타나묘 역시 중원지역에서 전파된 고분미술의 모본이 단순화되어 지화 형태로 전해졌다. 누란 고성 벽화묘는 간다라 지역의 쿠산 제국과 사산조 페르시아의 불교와 세속 미술의 모본이 동쪽으로 전해진 것이다. 결국 하서지역의 장의미술 모본은 중원·섬북의 장의미술과 중앙아시아·서아시아의 불교미술, 그리고 세속 미술의 전통이 융합된 것이다. 이렇게 여러 갈래로 유입되어 형성된 하서지역의 벽화 모본은 북위의 하서지역 정복과 사민정책에 의하여 동북지역으로 이동하면서 평성지역의 북위시대 벽화묘와 운강의 불교 석굴에 전파되었다.

산서성 대동의 북위시대 묘 석곽·석관의 벽화와 목관의 관판화는 매체의 화면 크기에 따른 제약으로 인하여 구성이 단조로운데, 한편으로는 모본 사용이 보다 활발하게 적용된 결과로 볼 수 있다. 또한 벽화와 칠관화에 사용된 도상은 전통적인 모본을 따르면서도 운용이 상당히 제한되어 거의 동일한 화본이 반복적으로 병치·조합되었다.

이상에서 모본이라는 회화 제작의 방법론 측면에서 접근하여 고구려 고분벽화에 유입된 외래문화 요소를 살펴보았다. 고분벽화를 제작하는 과정에서 모본 사용 가능성을 살펴 대외교류 관계를 고찰해 보면 기존의 주제나 양식 변천을 통하여 설명할 수 없었던 부분들에 대하여 새로운 시각으로 접근할 수 있다.

2. 아프라시압 벽화에 보이는 소그드와 돌궐

사마르칸트 아프라시압 궁전지 벽화를 그린 소그드인들은 동아시아에서 서역문화 전파의 매개체이자 상징체로서 오래전부터 활발한 연구가 진행되었다. 아프라시압 벽화의 사례에서 보듯이 이미 4세기에 중앙아시아적 요소가 출현한 안악3호분과 전성기가 6~8세기인 소그드 미술을 고대 한국의 미술과 연관 짓기가 쉽지 않다.

이러한 상황을 고려할 때에 7세기의 아프라시압 벽화에 그려진 고대 한국인의 이미지가 가진 상징성과 고대 한국과 중국에 나타난 중앙아시아계 미술문화의 실체는 아프라시압 벽화를 그리기 훨씬 이전부터 우즈베키스탄 지역을 따라 동서로 교차

한 미술문화의 흐름을 고려하는 방법론을 통해 살펴볼 수 있다. 또한 고구려 벽화가 조성되기 직전인 3~4세기 중앙아시아의 부조와 벽화 문화의 동전 과정을 살피면 중앙아시아 벽화 및 부조 문화가 중국의 위진시대 화상석·벽화 문화와 함께 고구려 고분벽화의 풍부한 문화적 원천으로 작용하였음을 알 수 있다. 북방지역을 따라 조성된 중앙아시아 계통의 고분벽화의 고찰은 소그드 미술에 대한 이해가 6~8세기 아프라시압 벽화에 머물러 있는 시공간적 한계를 벗어나는 데 도움이 된다.

고구려 벽화의 중앙아시아계 요소를 이해하는 데 서역을 막연히 상정하다 보니 그 교류의 증거로서 한국인이 그려진 돈황 석굴 벽화나 아프라시압 벽화들이 고구려 벽화의 전성기인 5~6세기보다 후대에 제작되었다는 게 난제였다. 여기서 주목할 것은 고구려 벽화 문화의 탄생을 가져온 북방문화권대의 형성은 4~5세기경에 이루어진 것이라기보다는 이미 흉노·스키타이 시대인 기원전 8세기~기원전 7세기부터 스키타이의 동서교류, 흉노의 남천·서천으로 유목문화의 이동 경로가 만들어진 토대 위에 고구려가 벽화문화를 받아들여 형성하게 된 것이라는 점이다.

소그드로 대표되는 중앙아시아계 문화는 소그드 문화 자체의 전파가 아니라 소그드 지역을 통과하거나 소그드 지역 거주민을 통하여 흐른 동서 문화의 이해가 있어야 한다. 소위 서역인과 서역문화를 일정 시기 및 지역의 문화체로 인식할 경우 고구려가 가졌을 국제적 교류와 고구려 벽화에 표현된 중앙아시아적 요소는 시공간적 연결 관계를 설정할 수 없는 난제로 남는다. 그러나 소그드로 대표되는 중앙아시아적 요소를 스키타이·흉노시대부터 문화의 흐름이 지속적으로 이어진 중앙아시아문화권대에 속하는 요소로 해석하고 이해하면 시공간적 흐름이 끊어지지 않고 중간 지점과 시기가 서로 연결된다.

7세기에 제작된 아프라시압 벽화는 해당 지역을 따라 흐른 미술문화의 전파체이자 상징체이다. 아울러 소그드가 기원후부터 이루었던 동서교류 과정이 축적된 결과물로 소그드-돌궐-중국-고구려로 이어지는 북방초원과 중앙아시아 문화권대에서 활약한 나라들의 상징적인 기념물이다.

한편, 아프라시압 벽화에 그려진 고대 한국과 우즈베키스탄의 교류 가능성에 대한 선행연구에서는 두 가지 경로를 제시하였다. 첫째는 중국 북조·수당대의 오아시스로이다. 중국 북조·수당대 벽화묘와 석각에 나타난 중앙아시아 계통의 인물 표현과 북조·수당대 묘장에서 출토된 중앙아시아계 장신구와 유리기, 사산조 은화와 비잔틴 금화 등 다양한 문물을 통하여 고대 우즈베키스탄에서 연원하였거나 해당 지역을 통과하여 고대 중국에 이르는 동서 문화교류를 확인하였다.

둘째는 중국을 통하지 않고 초원지역을 직접 통하는, 즉 당시 돌궐을 통하여 소그드와 직접 교류했을 가능성이다. 고구려와 돌궐의 교류는 기존의 문헌사 선행연구에서 많이 다루었으나, 미술문화에서는 지금의 몽골지역에 남아 있는 6~8세기의 돌궐 미술문화 유적이나 유물이 많지 않아 양국의 관계, 더 멀리는 소그드와의 구체적인 교류상을 복원하기가 쉽지 않다.

아프라시압 벽화에 나타난 중국 회화와의 관계에 주목해 보면 아프라시압 벽화는 중국 벽화의 관습적인 도상을 차용한 것으로 중국 당대 고분벽화나 소릉·건릉 석인상과 유사하게 인물 묘사를 했다는 연구가 있었다. 아프라시압 궁전지 북벽 벽화의 중국 황제와 공주 그림이 중국에서 비단과 함께 입수된 중국 두루마리 그림이 참고되었을 가능성이 제기되었다. 또한 북벽의 수렵도는 당대 이수묘와 섬북의 한대 화상석 및 사산계 수렵도와, 배를 타고 강을 건너는 장면은 중국 단오절 풍습과 비교하여 중국과 연계성을 찾고자 하는 시도도 있었다. 하지만 비교 대상인 섬서성 서안의 당대 고분벽화나 소릉·건릉 석인상은 아프라시압 벽화 조성 시기보다 약간 늦거나 비슷하며, 오히려 소릉 석상은 돌궐의 영향을 받은 것으로 보는 선행연구도 있다.

한편, 아프라시압 궁전지 서벽과 북벽 벽화의 구성은 중국 북조·수대 소그드계 석각에 등장하는 도상들과 몽골의 돌궐 제사유적 석인상 배열과 친연성이 두드러진다(〈그림 68〉). 따라서 당대 미술이 일방적으로 소그드 지역에 전달되었다기보다는 소

그림 68 몽골의 돌궐 제사유적 석인상

그드와 돌궐도 동서교류의 주체로서 이해한다면 아프라시압 벽화는 북방 초원문화와 중앙아시아문화의 교섭과 혼합 결과로 해석된다.

아프라시압 벽화에 중국 당대의 미술 도상이 참고되었을 수도 있으며, 중국에서 발견된 소그드인 묘주의 북조·수대 묘 석각이 아프라시압 벽화의 주제와 구성에 영향을 주었을 가능성도 있다. 중국으로 이주한 소그드계 묘주가 주문 제작한 석장구 도상들은 중국의 장의미술 형식을 차용한 듯 보이지만, 실제로는 소그드의 장례의례와 소그드와 돌궐의 교왕, 그리고 북방유목민의 취향이 강하게 결합한 것이다. 이러한 소그드계 석장구 도상은 소그드 미술문화 내지는 소그드와 돌궐의 교류를 반영하는 북방초원 유목민의 미술문화를 보여 준다.

서돌궐과 당과의 교류 내지는 영향 아래에서 제작된 아프라시압 벽화를 고려해 보면 중국 회화와 조각이 영향을 미쳤다는 시각보다는 당시 소그드·돌궐·북조·당·고구려가 가졌던 국제적 교류 네트워크에서 미술문화 흐름이 어떻게 이 벽화에 표현되는지 알 수 있다. 비교 대상인 돌궐 제사유적들과 중국에서 발견된 소그드계 석각들은 아프라시압 벽화보다 이르거나 비슷한 시기에 제작되었다. 현재 고대 우즈베키스탄의 벽화들은 주로 7~8세기의 것들이 남아 있으므로 이러한 비교를 통하여 7~8세기 이전의 소그드 벽화 발달상을 재구성할 수 있다. 또한 기록에 의하면 돌궐 제사유적의 사당은 고인의 생전 모습을 재현하였다고는 하나 현재는 남아 있지 않다. 따라서 돌궐과 소그드의 관계를 보여 주는 아프라시압 벽화와 중국 출토 소그드계 석각의 비교는 돌궐 사당의 벽화를 복원하는 데 보충 자료가 될 수 있을 것이다.

VI

이제 고구려에서 유라시아로

　　고구려 고분벽화의 국제적 성격을 이해하려면 고구려 벽화문
화가 생겨나고 성숙하는 과정에서의 외부 문화권의 흐름을 살
펴보아야 한다. 고구려 고분벽화가 축조되기 시작한 3~4세기
부터 668년 멸망할 때까지 고구려문화에 자극을 주고 벽화문화
를 배태시키고 발달시킨 외래의 동인들은 무엇이었을까.

　　고구려 벽화가 가진 유라시아문화 요소의 연원을 찾고, 고분
벽화 조성을 중국 한계(漢系)문화의 전파론으로 보는 시각에서
벗어나기 위하여 스키타이·흉노 미술을 알아보았다. 스키타
이·흉노 미술에 보이는 그리스·로마, 페르시아 양식은 유라시
아문화의 혼재와 교류가 이른 시기부터 복합적으로 이루어져
왔으며, 지역적 변용과 주문자와 제작자의 관계가 흥미롭게 교
차하면서 발전되었음을 알려준다. 3~4세기경 북방지역을 따라
북서와 북동에서 벽화미술이 출현한 것은 북방지대를 따라 흉

노의 서천과 남천을 통하여 루트가 형성되었던 북방기류가 문화에 영향을 미친 것으로 볼 수 있다.

고구려의 유라시아문화 요소를 이해하기 위해서 문화 전파의 매개체(agent) 역할을 한 소그드를 통해 전달된 문화의 원류를 보아야 서역적 요소를 이해할 수 있다. 이에 소그드의 전성기인 6~8세기의 미술에 영향을 끼친 아케메네스, 쿠샨, 사산의 대표적인 유적과 미술을 살펴봄으로써 고구려 벽화문화를 낳은 유라시아문화 요소를 구체적으로 분별하고자 하였다.

고구려 벽화문화의 탄생을 가져온 유라시아문화권대 형성은 고구려 벽화의 시작인 4~5세기경에 이루어진 것이라기보다는 이미 스키타이·흉노 시대인 기원전 8세기~기원전 7세기경 스키타이의 동서교류, 기원 1세기 전후의 흉노의 남천과 서천으로 유목문화의 이동 경로가 열린 토대에서 고구려가 벽화문화를 받아들여 형성된 것이다.

고구려와 중국 위진남북조의 고분미술에 나타난 외래문화란 중국 한무제시기부터 오아시스로를 통하여 서역을 경영하면서 유입된 유라시아문화가 바탕이 되었다. 위진남북조시대에 이르러서는 북위에 의한 북량·북연 멸망으로 해당 지역의 서역계와 불교 계통의 미술문화가 수도 평성으로 이동하면서 북방계인 선비문화와 섞여 발달하였다. 또한 고차, 유연, 철륵, 엽달(에프탈) 등 북방민족들이 지금의 신강·감숙을 한족 정권과 교차로 점령하여 오아시스로만이 아니라 초원로를 통해서도 외래문화가 유입되었을 가능성이 있다.

고구려 고분벽화의 초·중기에 해당하는 3~5세기에 유라시아문화 전파로로 주목되는 것은 쿠샨, 사산, 에프탈, 소그드 등의 활동이다. 고구려와 중국 고분벽화에 보이는 외래문화에 대하여 이전에는 주로 사산과 소그드 미술과 비교하였으나 최근에는 중국에서 새로 자료들이 발굴되면서 월지 쿠샨의 역할에 주목하고 있다. 중국 신강, 감숙, 산서 등에서 발견되는 쿠샨 계통의 벽화와 유물, 그리고 쿠샨 출신 이주민들의 존재는 고구려와 같은 시기 중국 고분미술의 외래문화 전파통로로서 주목하게 된다.

위진시대에 조성된 감숙성의 고태, 신강성의 누란·미란 벽화는 그 연원을 쿠샨 왕조의 세속미술과 불교미술 및 아케메네스와 사산조 미술에서 찾아볼 수 있어 쿠샨과 페르시아 문화의 동전이 이미 3~4세기에 해당 지역까지 이루어진 것을 확인할 수 있다. 이러한 북방지역을 따라 조성된 유라시아 계통의 고분벽화는 소그드 미술에 대한 이해가 6~8세기 아프라시압 벽화에 머물러 있는 시공간적 한계를 벗어나는 데 도움을 준다.

고구려의 5세기 고분벽화에 보이는 유라시아문화의 직접적인 통로가 되었을 평성지역의 고분미술에서 유라시아계 미술의 영향은 고분벽화와 출토된 유물에서 모두 확인할 수 있다. 고원의 칠관화묘와 대동의 운파리로 벽화묘는 쿠샨과 사산계 연회도 형식의 묘주도를 보여 주며, 대동 문영로 벽화묘와 고원 칠관화묘의 보살형 문지기와 역사상은 인도·이란 계통으로 키질 석굴과 초기 돈황석굴에서 유사한 예를 볼 수 있다. 북위의 평성의 고분미술이 북위의 하서지역 점령과 불교미술의 동전, 그리고 서역과의 교류를 배경으로 중앙아시아 미술의 직접적인 영향을 받았음을 알 수 있다.

　고구려 고분벽화의 묘주 표현에 나타난 유라시아문화를 보다 세분하여 구별하면 고구려와 중국 고분벽화의 묘주도와 연회도, 행렬도, 수렵도 등에서는 쿠샨·사산·소그드계 인물도의 특징이 보이며, 불교 관련 주제는 쿠샨·간다라 미술과 신강·감숙의 불교 석굴과 연관이 있다. 고구려와 중국 고분의 유라시아계 묘주 초상은 서아시아·인도·중앙아시아 왕조의 세속미술과 불교미술의 전파에 따라 해당 지역의 왕공귀족 초상과 신상 초상이 합해져 만들어진 것으로 보인다. 고구려와 중국의 유라시아계 고분의 연회도는 아케메네스·파르티아·사산조 페르시아의 왕과 귀족의 연회도와 그리스·로마-쿠샨-엽달-소그드로 이어지는 연회도 계통에서 도상 구성의 기원을 찾아볼 수 있다.

　고구려 벽화의 대표 주제인 묘주도와 연회도에 보이는 실크로드미술의 특징은 오아시스로만이 아니라 초원로를 통해 동전하였을 것이다. 초원로를 통한 사례는 스키타이·흉노·돌궐

미술에서 찾을 수 있다. 스키타이와 흉노의 금속제 장신구와 용기에 보이는 각배를 들고 맹세하는 인물 표현, 노인 울라 31호묘에서 출토된 직물에 나타난 인물 연회와 행렬 표현, 돌궐시기 제사유적의 석인상이 그 예이다.

집안지역의 고구려 고분벽화의 형성에는 평양·안악지역과 다른 문화의 영향이 지적되었다. 고구려 고분벽화가 세워지던 4~5세기에는 중국의 한계 요소만이 아닌 유라시아계 요소가 혼합되어 고구려풍의 독자적인 요소와 주제로 변환되어 각저총과 무용총에 표현되었다. 고구려 초기 벽화의 형성에는 중국의 하서지역과 동북지역을 잇는 북방문화권대가 영향을 미친 것으로 보인다. 특히 각저총은 스키타이·흉노계 도상이 씨름도, 수목도, 마차도 등과 결합한 것으로 보이며, 무용총은 묘주도, 수렵도, 기마행렬도 등의 구성에서 사산조 페르시아의 영향을 볼 수 있다. 씨름도와 함께 기마인물상과 같은 내러티브는 유라시아 초원지대의 유목민들의 구비서사시 전통에서 온 것으로 직물에 표현되던 장면을 보다 보존이 잘 되는 금속판에 옮긴 것이다. 벽화를 그릴 만한 벽이 있는 건축을 사용하지 않은 유목민들은 영웅의 이야기를 직물에 장식하였다. 흉노계 금속장식판에서 인물을 산수 배경 속에 통합시키고 말과 기수를 단축법으로 표현하는 특징은 알렉산드로스 대왕의 정복 이후 중앙아시아 오아시스 중심지들에서 유행한 헬레니즘 전통에서 기원한 것이다. 북부 초원 유목민들에 속하는 허리띠 장식의 내러티브는 중국 미술에서는 연관을 찾기 어렵다. 흉노 미술을 낳게 한 내러티브 전통이 후대에서는 실크로드의 소그드 벽화에서 부활했다.

고구려에 적극적으로 채용된 모줄임, 평행삼각고임, 팔각고임 천장형식은 중국 위진남북조 고분벽화와 차별된다. 고분 축조기술자 유입이나 건축기법 전래가 중국 고분미술 전통에서 오는 회화 도상이나 모본 전래, 또는 화공 유입과는 다른 경로로 이루어졌음을 시사한다.

향후 연구 과제 가운데 하나는 고구려 벽화와 비교할 수 있는 유라시아의 건축미술 자료를 수집하고 비교·분석하는 연구방법론을 개발하는 것이다. 고구려 벽화의 유라시아적 문화 요소에 대한 기원, 전래, 변형 과정 등에 대해서는 시기와 지역에 따라 다각도로 고찰이 이루어져야 한다. 하지만 고구려 벽화의 개별 문화 요소에 대한 기원과 전래, 변형과 복합은 복잡하며, 진행 속도는 시기와 지역에 따라 다르다. 또한 개별 문화 요소의 기원이 일원적·다원적인지, 전파와 변형이 지역을 거쳐 몇 차례에 이루어졌는지, 그 경로는 몇 갈래이며, 기간은 얼마나 소요되었는지 규명하기는 매우 어렵다. 아울러 문화 요소의 자기화 정도는 시기와 지역에 따라 달라진다.

먼저 고구려 고분벽화에 대한 이해를 기반으로 중국 장의미술에 대한 비교 연구가 필요하다. 다음으로 도유호가 1959년 연구에서 이미 언급했듯이 중앙아시아 미술에 대한 이해를 보다 심화해야 한다. 아프라시압 벽화 연구가 벽화에 그려진 사신의 실제와 관념의 표현을 분별하는 데 관심을 집중하여 실제 벽화가 그려지게 된 소그드문화에 대한 이해나 논의가 이루어지지 못하였다. 유라시아문화에 대한 기존 연구들이 단편적인 사례 나열에 그치는 아쉬움에서 벗어나려면 특정 지역의 개별 유물이 아닌 유사 사례가 출현한 지역의 역사와 문화를 엮어서 전체적인 맥락에서 연구할 필요가 있다.

경주 계림로 보검과 비교되는 카자흐스탄 보로보예 단검의 경우 유라시아 고고미술자료를 보다 폭넓게 찾아보면 더 많은 비교 사례들을 찾을 수 있다. 말각조정과 수렵도의 유사성이 지적되는 파르티아 미술의 경우 남은 고고미술 자료가 희소하여 연구의 어려움이 존재하지만 파르티아 미술 자체에 시야를 고정하지 않고 파르티아에서 형성되었거나 해당 지역을 거쳐 간 문화를 연구한다면 좋은 결과로 이어질 것이다.

말각조정 천장의 고분벽화는 불가리아의 트라키아 미술의 고분들에서도 관찰된다. 유라시아를 포괄하는 유사구조의 건축미술 자료를 모두 수집하여 석축 천장과 묘실 건축의 전파와 흐름을 복원할 필요가 있다. 또한 벽화에 국한하지 않고 직물과 공예품 장식으로 전해진 여러 가지 문양과 주제에 대해서도 유라시아의 분포 양상을 분별하고 자료를 모아서 고구려 고분벽화의 형성을 유라시아 미술문화의 문맥에서 재구성하는 것이 중요하다.

다음으로 현재 새로운 고고학 자료가 발견되고 있는 중국 장의미술의 벽화와 부장품 관련 자료를 수집하는 것이 필요하다. 고구려 벽화의 형성과 발전에 중요한 비교 자료로 활용될 수 있는 것은 중국 북방지역의 벽화와 부조 및 유물들이다. 특히, 중국에서 발견되는 유라시아계 묘주의 묘장 벽화와 부장품 등에 주목하여 중국으로 이주하여 중국문화를 흡수하면서도 본인이나 선대의 유라시아계 문화를 장의미술에 표현한 사례들을 정리하여 원 출신지의 미술문화와 비교할 필요가 있다. 중원지역을 중심으로 한 한화(漢化, sinicization) 관점이 아닌 유라시아 지역을 주체로 하는 새로운 시각이 필요하다.

고구려 고분벽화의 연원으로는 주로 중국 요녕의 한·위·진 벽화가 많이 연구되었으나 최근 발굴된 중국 내몽골과 섬북의 벽화묘들은 북방지역을 따라 흐른 북방기류를 확인할 수 있다는 점에서 중요한 자료이다. 고구려 고분벽화의 연원으로 그동안 언급된 동북지역의 벽화묘나 산동지역의 화상석묘는 주제면에서 고구려 집안과 평양의 고분벽화 주제를 포괄하기 어려웠다. 특히 북방기류의 흐름에서 출현한 것으로 보이는 집안 수렵도의 연원은 동북·산동의 화상석과 벽화에서 찾기 쉽지 않았다. 하지만 최근에 소개된 섬북과 내몽골 벽화묘의 수렵도·산악도·인물도 등의 구성과 배치는 고구려의 초기 고분벽화가 형성되는 하나의 연원을 북방지역에서 찾을 수 있도록 시사해 준다는 점에서 중요한 자료라고 할 수 있다.

고분벽화나 석각만이 아니라 유물에서도 유라시아문화 요소를 찾는 작업이 필요하다. 같은 시기 중국에서 고분을 만든 소그드계 묘주들이나 중앙아시아인 또는 그 중간에 위치한 북방유목민의 이동에 따라 전래한 유라시아계 금은기, 주화, 유리기 등은 실제 교류를 증명하는 중요한 근거가 된다.

북방민족 가운데 유연과 돌궐은 발견된 회화작품이 드물어서 고구려의 북방·유라시아계 문화 요소 연구에 직접적으로 연결하기가 어려웠다. 5세기의 고구려 고분벽화들에 보이는 유라시아문화 요소들은 북위가 점령한 하서지역과 수도 평성과의 교류와 유연을 통해 열렸을 초원로를 통한 교류가 바탕이 되었을 것이다. 유연의 미술에 대해서는 보다 새로운 고고미술 자료가 발굴되기를 기다려야 하지만 위·진·북조 묘장미술이나 초기 돌궐의 고고유적과 유물, 유럽의 아바르 유적과 유물 등을 좀 더 살펴보면서 복원해 나간다면 실마리를 찾을 것으로 생각된다.

최근 몽골 중부에서 발견된 바얀누르 벽화묘와 복고을돌묘는 대략 7세기 후반의 무덤들로서 당의 기미 지배 동안 지금의 몽골지역에서 받아들인 중국 장의미술을 보여 주는 동시에 비잔틴 금화, 돌궐식 금제용기, 돌궐식 장신구 등의 부장품은 우크라이나 페레시체피나 쿠브라트의 유물에 나타난 돌궐과 비잔틴 문화의 혼합을 반영한다.

돌궐의 제사유적과 석인상은 돌궐 고유의 제사 형태와 사슴돌과 발발 조각의 발달에 중국 능묘의 석각 도입, 소그드식 인물 표현이 더해져 초원로를 통한 문화교류에 중요한 자료가 된다. 7~8세기 돌궐의 제사유적 구성은 중국 능묘 석각 구성과 배치를 따른 듯하지만 실제로는 초원 전통의 사슴돌과 발발의 배치 형식과 실크로드를 따라서 흘러든 벽화, 조각, 금속용기 등에 표현된 쿠샨, 에프탈 계통의 귀족 연회도 형식이 결합한 것으로 볼 수 있다.

고구려 고분벽화를 유라시아미술의 흐름에서 보다 심층적으로 살펴보려면 아직 국내에서 연구가 활발히 이루어지지 않은 몽골지역의 미술문화와 서투르키스탄과 남부 러시아의 미술문화를 조사하고 정리하여 유라시아를 따라 흐른 미술문화의 큰 문맥에서 재해석하고 복원하여 그 가치와 위상을 세워야 한다. 그러나 이러한 연구방법은 자료의 단순한 수집과 정리, 비교 및 대입에 그칠 수 있다는 한계가 있으므로 개별 문화에 대한 이해를 기반으로 시공간적 교차 비교에 오류가 없도록 개별 사례들을 논리적으로 연결하는 방법론 개발이 뒷받침되어야 한다.

참고문헌

• 강현숙, 「高句麗 古墳 壁畫에 표현된 觀念과 實際-西域系 人物을 中心으로」, 『역사문화연구』, 제48집, 한국외국어대학교 역사문화연구소, 2013.

• 권영필, 『중앙아시아 속의 고구려인 발자취』, 동북아역사재단, 2008.

• _____, 『실크로드 미술』, 열화당, 1997.

• 김원룡, 「고대한국과 西域」, 『美術資料』 34, 국립중앙박물관, 1984.

• _____, 「사마르칸드 아프라시압 宮殿壁畫 使節圖」, 『考古美術』, 129~130호, 한국미술사학회, 1976.

• 김진순, 「5세기 고구려 고분벽화의 불교적 요소와 그 연원」, 『美術史學研究』, 258, 한국미술사학회, 2008.

• 김호동, 『아틀라스 중앙유라시아사』, 사계절, 2016.

• 도유호, 「고구려 석실봉토분의 유래와 서역문화의 영향」, 『문화유산』, 조선민주주의인민공화국과학원 고고학 및 민속학연구소, 1959년 4期.

• 박아림, 『고구려 고분벽화 유라시아문화를 품다』, 학연문화사, 2015.

• 전호태, 「고분벽화로 본 고구려와 중앙아시아의 교류」, 『한국고대사연구』, 제68호, 한국고대사학회, 2012.

• _____, 「고구려 장천1호분 벽화의 서역계 인물」, 『蔚山史學』 6, 蔚山大學校 史學科, 1993.

• 정석배, 「고구려 고분에 보이는 몇 가지 유라시아문화 요소」, 『한국 문화 원류와 알타이 신문화벨트2』, 한국학중앙연구원, 2017.

• 정수일, 『실크로드 사전』, 창비, 2013.

• 정재훈, 『돌궐유목제국사』, 사계절, 2016.

• Juliano L. Annette, Lerner A. Judith, Monks and Merchants: Silk Road

Treasures from Northwest China, New York: Asia Society, 2001.

- Nancy Shatzman Steinhardt, "From Koguryo to Gansu and Beyond: Funerary and Worship Space in North Asia, 4th-7th Centuries." 『漢唐之間文化藝術的互動與交融』, 文物出版社, 2001.
- Azarpay Guitty, Sogdian Painting: The Pictorial Epic in Oriental Art. University of California Press, 1981.

박아림 (朴雅林)

미국 펜실베이니아대학교에서 한국 및 동양미술사를 전공했다. 박사논문은 고구려 고분벽화와 동아시아 고분미술을 다루었고, 저서로는 『유라시아 초원문화의 정수 몽골미술』(학연문화사, 2020), 『고구려 고분벽화 유라시아문화를 품다』(학연문화사, 2015), 『고구려 벽화 연구의 현황과 콘텐츠 개발』(동북아역사재단, 2009) 등이 있다. 현재 중국 한당 고분벽화, 돌궐과 소그드미술, 고구려 고분벽화의 형성과 교류에 대한 책을 저술 중이다. 하버드대학교 방문교수를 지냈으며, 고구려발해학술상, 세종도서(학술부분), 롯데출판문화대상 본상을 수상하였다.

동북아역사재단 교양총서 19

유라시아를 품은 고구려 고분벽화

제1판 1쇄 발행일 2020년 12월 15일

지은이 박아림
발행처 동북아역사재단

출판등록 제312-2004-050호(2004년 10월 18일)
주소 서울시 서대문구 통일로 81 NH농협생명빌딩
전화 02-2012-6065
팩스 02-2012-6189
홈페이지 www.nahf.or.kr
제작·인쇄 청아출판사

ISBN 978-89-6187-581-3 04910
        978-89-6187-406-9 (세트)